間違えて覚えてしまった

残念な日本語

日本語の達人倶楽部●編著

ロング新書

はじめに――他人は教えてくれない「言葉遣いの間違い」

日本語に限らず、言葉は「読む」「書く」「話す」が基本です。このうち、難しいとされるのが「読む」「書く」で、ともに漢字が元凶《げんきょう》とされています。そのため、その分野に関しては多くの本があり、そこでは〝丸暗記〟が要求されています。

本書の特徴は、〝丸暗記は不要〟の立場をとっていることです。〝丸暗記〟は時間の無駄でしかありません。そもそも漢字は、一定の決まりごとから出来ています。その決まりごとを覚えてしまえば、〝丸暗記〟の必要はないわけです。

第二の特徴は、私たちがふだんの会話や手紙などに使うような「普通の日本語」だけを厳選して収録したことです。

そして第三に、とにかく〝わかりやすいこと〟を心がけました。日本語表現、故事・諺等にも例文を付し、「○」「×」で明記したのはそのためです。

本書にある言葉をマスターすれば、つい軽蔑されがちな「話す」ほうでの誤用・誤読の恥もかかなくてすむはずです。本書は、このように言葉を互いに関連させた構成になっています。ビジネスで、プライベートで、知らないうちに「恥」をかくことのないよう、本書がお役に立てれば幸いです。

2章

言葉の「使い方」の間違い

「聞いたことがある」からと、不用意に使うと大恥をかく！

3章

ことわざ、格言の間違い

意味さえわかれば、使い方は自由自在

4章

同音異義語の間違い

スマホ・パソコン時代の必須知識

1章

「慣用句」の間違い

間違えただけで「信用」をなくす、日本語独特の表現

「汚名を挽回します」では「恥の上塗り」に

ここでいう「慣用句」とは、要するに「常套句《じょうとうく》」または「常套表現」と呼ばれるものです。これらは、文学等では「手垢《てあか》にまみれた表現」としてしりぞけられることが多いようです。オリジナルでない、というのが排除の決定的理由となってしまうわけです。

それはそれでよいし、またそうでなければならないのですが、文学といういわば特殊なジャンルから離れて、一般の私たちの世界に戻ると、事情は大いに異なってきます。

現に、新聞記事やテレビのニュース等の原稿は、これら慣用句のオン・パレードといっていい状態です。理由はただ一つ、「慣用句や常套的な表現を適宜《てきぎ》織り込んだほうが、読者や視聴者の目や耳にスンナリと入りやすいから」ということになります。逆にいえば、妙に凝《こ》った、あるいは奇をてらった文学的・詩的表現を使うと、具体的に何がいいたいのかが相手にうまく伝わらない、ということです。

すなわち、うまく使えば相手の目や耳にスンナリ入る――重要なポイントは、そこにあります。

かといって下手に使ったり、間違えて使ったら、失笑を買うことは間違いありません。なぜなら、相手は、正しい言い方を自分が知っている・いない以前に、とにかく「その表現は間違っている」ということだけはわかるからです。

ここが、コワいところですね。「慣用句」「常套句」は、間違って使ったときにかぎって、にわかに大きくクローズアップされてしまうものなのです。

たとえば、テレビのスポーツニュースで、若い駆け出しのアナウンサーが「今度こそ日本チームは**汚名を挽回する**チャンスです」と大声で叫んでいたり、それを受けて解説者が「日本チームも**怒り心頭に達している**でしょうからねぇ……」などとしたり顔で話すといったことは、それこそ枚挙にいとまがないほどです。(正しくは、**「汚名を雪《すす》ぐ」「怒り心頭に発する」**)

これでは、どんなに美辞麗句を駆使してみたところで、視聴者は信用してくれません。言葉とは、それほど影響力の大きいものなのです。

そうならないために、この章で「慣用句」を一通り見ておきましょう。ここにあげたものを知っておけば、日常生活やビジネスの場で恥をかくことはないはずです。

愛想《あいそ》も小想《こそ》も～　×尽きる　○尽き果てる

「愛想が尽きる」は正しい言い方なのだが、強調形で、「愛想も小想も」になると「尽き果てる」。

哀悼《あいとう》の意を～　×表わす、述べる　○表する

「急逝《きゅうせい》された恩師に心から哀悼の意を表します」などというように、葬儀での弔辞《ちょうじ》の決まり文句。べつに「表わす」でも間違いではないのだが、正式には「表する」。格調も出る。

赤子の手を～　×つねる、つまむ　○ねじる、ひねる

「いとも簡単にできる」ことの譬《たと》え。一般には「赤子の手をひねるように」などと使われているが、古くからの正しい言い方では「ねじる（捩る）」。「この程度の問題なら、赤子の手を捩るようなもの」。

足元から～が立つ　×煙、埃《ほこり》　○鳥

突然起こることを「足元から鳥が立つ」といい、用法は二通り。「足元から鳥が立ったように姿を消した」なら「急な出来事」、「足元から鳥が立つように勉強しはじめた」なら「急な行動開始」。

中《あ》たらずと～も遠からず　×思えど　○いえど

「中たる」の「中」は「命中・的中・中毒」などの「中」で、現在は「当」でも可。ともあれ「中たらずといえども遠からず」とするのが正しい用法で、意は「的中しないまでも、間違いでもない」。

～で砂をかける　×うしろ脚　○あと脚

誤読がそのまま誤用につながる典型例。漢字で「後脚」と表記されるため、つい「うしろあし」と読んで、それを口にしてしまうわけだ。意は「去りぎわに、恩を返すどころか、逆に迷惑をかけること」。

鋳型《いがた》に～	×押し込む	○嵌《は》める

「鋳型」は、同質・同形状のものを大量に作り出すための、鋳造用の型。で、それに銑鉄《せんてつ》などの液化された金属を流し込んで冷やすので「嵌める」。「鋳型に嵌めるような学校教育には問題がある」など。

怒り、心頭に～	×達する	○発する

決まり文句の誤用の定番の一つが、これ。「心頭」とは「心の中・念頭」の意なのだから、そこまでカーッと怒りが達する、としたい気もわかるが、事情は逆で、まず「心中に発する」のが「怒り」。

意気～を衝《つ》く	×空	○天

「空」も「天」も似たようなものだが、こういう決まり文句の場合はたいていが「天」。意気込みがまさに天を衝かんばかりに活発で威勢がよいことで、四字熟語で「意気衝天《いきしょうてん》」と覚えておくとよい。

生き恥を～	×かく	○さらす

単に「恥を～」なら「かく」でよいのだが、もっと大仰《おおぎょう》に「生き恥を～」となると「さらす（曝す）」というのが正しい言い方。意は「不名誉にもかかわらず、おめおめと生き長らえている」状態。

痛くもない腹を～	×さわられる	○さぐられる

腹痛のときには医者は患者の腹を手で「さぐる」。そこから、「痛くもない腹」つまり「うしろめたいことが何もない状態」にもかかわらず「さぐられる＝あらぬ疑いをかけられる」ということ。

市《いち》に～を放つ	×狼、龍	○虎

中国では「凶暴」といえば「虎」というのが一種の決まりごとで、「市に虎を放つ」とは「大変に危険なこと」の意。「市」は「町（街）」だが、「町に虎を放つ」は誤り。「羊の群れに～」は西欧流。

一札《いっさつ》～　×書く　○入れる

ここでの「一札」とは、始末書や詫《わ》び状のことで、それを書き、そのうえで相手に「渡す」ことから、「一札入れる」とするのが正しい言い方。したがって「一札書く」も「一筆入れる」も誤用。

一矢《いっし》を～　×放つ、射る、返す　○報《むく》いる

「一矢報いる」でももちろんよい。つまりは「それまでやられっ放しだったが、完敗をいさぎよしとせず、抵抗・反撃する」こと。ポイントは「一矢」。ささやかなれども抵抗なり、の闘争精神。

一将功成《いっしょうこうな》りて～枯る　×万卒　○万骨《ばんこつ》

「万卒」としたがるのは「勇将の下に万卒なし」の格言が耳に残っているせいだろう。正しくは「万骨」で、意は「おびただしい数の人」。多くの人の犠牲の上に英雄の成功はある、という格言。

一石《いっせき》を〜　×投げる　○投ずる

「投げる」も「投ずる」も同じ意だが、とかく決まり文句では文語調が重視される。意は「問題を提起し、反響を呼ぶこと」。一石が投じられるのは池で、それによってひろがるのが波紋、が原義。

一線を〜　×引く　○画《かく》す

「画す」とは要するに「線を引く」ことで、おなじみ「図画」また「区画」の「画」である。だから「引く」でもよさそうだが、この「画」には「きっちりと」の意もあり、「一線を画す」が決まり文句。

〜緩急《かんきゅう》あれば　×もし、万一　○一旦《いったん》

ここでの「緩急」は「危急の事変」の意。それに「一旦」がついて「一旦緩急あれば」の決まり文句になると「ひとたび危急の事変（緊急事態）が起これば」私は行動する、といった意。

一敗地に～	×落ちる	○塗《まみ》る、塗れる

まず注意点は「一敗地」で区切らずに「一敗、地に～」と読むこと。ここでの「一敗」は「完敗」の意で、地に「落ちる」ではなく「塗る（塗れる）」となるのは、相撲でいえば「土がつく」こと。

衣鉢《いはつ》を～	×受ける、引き継ぐ	○継ぐ

「衣鉢」は仏教用語で、僧の「衣＝袈裟《けさ》」と「鉢＝托鉢《たくはつ》などに用いる鉄鉢《てっぱつ》または食器」を、法を「継ぐ」あかしとして弟子が継承するのが「衣鉢を継ぐ」ということ。「衣鉢」はエハツとも読む。

～の煮えたも御存知ない	×鍋	○芋

なぜ「芋（里芋）」かといえば、昔から庶民の食べものの代表格であるから。その「芋」の「煮えたも御存知ない」とは、「世間知らずで鈍感なお坊っちゃん・お嬢ちゃん」への丁重を装った揶揄《やゆ》の言。

因果《いんが》を〜る	×言い含め、治め	○含め

「因果」は「原因と結果」のこと。で、「因果を含める」とは、相手に「かくかくしかじかの原因でそういう結果になったのだから、しかたがないんだ」とあきらめさせること。

憂《う》き身を〜	×やつれさす	○やつす

「身がやつれる」とはいうが「身をやつれる」とはいわない。「身をやつす」が正しい言い方で、「やつす」の意は「みすぼらしく姿を変える」。で、「憂き身をやつす」は「やつれるほど熱中する」の意。

有卦《うけ》に〜	×はいる、まわる	○いる（入る）

「有卦」とは陰陽道《おんようどう》で「人生で幸運が訪れる七年間」をいい、不幸にあう「無卦」の五年間と合わせて十二年で一回りするのだとか。で、その「有卦に入る」とは「運が向いてきた」ということ。

有無相《うむあい》～	×おぎなう、はからう	○通《つう》ず

「有無」は「一方には有り、一方には無い」ということ。そこで、異なる得意分野をもつ者同士がお互いの長短をやりくりし合うのが「有無相通ず」の状態。「有無相通ずでいきましょう」などと使う。

烏有《うゆう》に～	×化す、終わる	○帰《き》す

「烏有」とは「烏《いず》んぞ有らんや」という反語で、つまりは「まったく何も無い」ということ。せっかくの大プロジェクトも「烏有に帰す」と「すべてゼロ」になるという次第。

怨《うら》み骨髄に～	×達す、発す	○徹す

怨みが「相手」の骨髄にまで「達する」のではなく、当の「自分」の骨髄にまで「徹する＝しみわたる」、つまりは「心の底から深く相手を怨む」から「怨み骨髄に徹す」となるわけで、主体は自分。

江戸の敵《かたき》を～で討つ	×大坂、逢坂	○長崎

「思いがけないところで以前の怨みをはらすこと」で、それを「大坂（現「大阪」）で」としたがるのは「逢う坂で」の洒落《しゃれ》。正しくは、当時はとんでもない遠隔地の「長崎で」。「筋違いの復讐」の意も。

鴛鴦《えんおう》の～	×仲、結びつき	○契《ちぎり》

「鴛鴦」とはオシドリのことで、そのオスが「鴛」、メスが「鴦」。鳥のなかでも「仲の良さ」で知られ、そこから「鴛鴦の契」は「夫婦の契（結びつき）」をいう。「鴛鴦の契を結ばれたお二人」などと使う。

応接に～あらず	×ひま（暇）、時	○いとま（暇）

ここでの「応接」は単に客に対するそればかりでなく「対処すべきこと全般」をいう。その「応接」に「いとまあらず」となれば、超多忙の名士または売れっ子。「暇」と書いて「いとま」と読む。

大見得《おおみえ》を～　×張る　○切る

単に「見得を～」でも同じ。歌舞伎のあのカッと目を見開いての決めのポーズは「見得を切る」ポーズで、「張る」のは「見栄」のほう（「見栄を張る」）。例文は、揶揄まじりの強調形。

大向《おおむこ》うを～　×黙らす　○唸《うな》らす

歌舞伎などの芝居小屋の、向《むこ》う桟敷《さじき》のうしろにある安い立見席、またこの観客を「大向う」という。その連中をイヨッと唸らせるような一般受けを狙う行為が、これ。必ずしもほめ言葉ではない。

遅かりし～　×内蔵助《くらのすけ》　○由良之助《ゆらのすけ》

これも歌舞伎が出典で、意は「遅きに失して役に立たない」譬《たと》え。浅野内匠頭の切腹に遅れたのはたしかに大石内蔵助なのだが、歌舞伎『仮名手本忠臣蔵』では「大星由良之助」なので、こうなる。

鬼が出るか〜が出るか	×虎、人	○蛇《じゃ》、仏《ほとけ》

つまりは「吉と出るか凶と出るか」ということなのだが、とにかく「結果はまったく予測がつかない」ということ。「いずれにせよ凶だろう」なら「蛇」、「吉と出るかも……」の期待があれば「仏」。

鬼の〜乱	×攪《かく》、錯《さく》	○霍《かく》

「攪乱」でも「錯乱」でも間違い。なぜなら、ここでいうカクランとは「日射病」とか「暑気中《あ》たり」のことで、これを漢字で書くと「霍乱」。で、意は「いつもは頑健な人が珍らしく病気になること」。

汚名を〜	×挽回する	○雪《すす》ぐ、はらす

「挽回する」というのは「元の勢いを取り戻す」ことなので、「汚名を挽回する」では、汚名そのものを取り戻すという逆の意味になってしまう。ここは「雪辱」の「雪」で、「雪ぐ＝きれいにする」。

か行

灰燼《かいじん》に～　×化する、化す　○帰《き》する、帰《き》す

「灰燼」は「灰と燃えかす」で「烏有に～」の場合と同様、「元に戻る」の意なので「帰す(る)」。

快刀乱麻《かいとうらんま》を～　×斬る　○断つ

「快刀」は「よく斬れる刀」、「乱麻」は「もつれた麻(糸)」の意。四字熟語では「快刀乱麻」だが、最後までいい切ると「快刀、乱麻を断つ」となる。「難題をバッサリ処断」の意。「怪刀」は誤記。

稼《かせ》ぐに～貧乏なし　×追われる、かなう　○追いつく

「一生懸命に働けば、貧乏はつきまとってこない」ということ。「稼ぎに～」とするのは誤用。ちなみに、「いくら働いても貧乏から抜け出せない」というときは「稼ぐに追い抜く貧乏神」の決まり文句も。

刀折れ～尽きる	×弓、槍	○矢

すなわち「万策《ばんさく》尽きた状態」で、あとは降伏あるのみ。その「万策」の象徴となるのが「刀と矢」で、言い方を換えるときは「刀」が「弓」に代わり、「弓折れ矢尽きる」。いずれも槍でなく「矢」。

火中《かちゅう》の栗を～	×つかむ、とる	○拾う

「他人のためにあえて危険を冒すこと」をいい、出典は『イソップ物語』。火のなかでパン、パンッとはじける栗を手で「拾う」のはたしかに「勇気ある行為」だが、「失敗必至《ひっし》の蛮《ばん》勇《ゆう》」でもある。

～太鼓で探す	×金、笛	○鉦《かね》

金属の棒で叩く円型の平べったい日本の打楽器が「鉦」で、それと「太鼓」はつきもの。まことに賑《にぎ》やかな演奏となり、そこから「大騒ぎして探し求める」ことを「鉦太鼓で探す」という。

金《かね》に～はつけぬ

×筋目、へだて

○糸目

金に「筋目はつけぬ」でも「へだてはつけぬ」でも、それなりには成り立つ言い方だが、決まり文句にはない。あるのは「糸目をつけぬ」で、「惜し気もなく使う」こと。「糸目」は「凧《たこ》の調節糸」。

～の草鞋《わらじ》で尋ねる

×きん（金）

○かね（金）

ここでの「金」はキンではなくカネで、すなわち「金属」、なかでも「鉄《かね》」のこと。そんな「丈夫で擦《す》り減らない草鞋」をはいてあちこち根気よく探し回ることをいい、「金《かね》の草鞋で探す」とも。

眼光紙背《がんこうしはい》に～

×達す

○徹す

「紙背」は「紙の裏」をいうが、そこから「文章の背後にある意味」も指す。そこに「鋭い眼光」の持ち主、すなわち「すぐれた読み手」はしっかりと「目を届かせる＝徹する」ということ。「達す」より上。

歓心を～	×呼ぶ、集める、装う	○買う

「感心」なら「呼ぶ」、また「関心」なら「集める」でよいが、「歓心＝人の歓《よろこ》ぶこと」になると、「買う」。で、全体の意は、要するに「ご機嫌とりをする」こと。カンシンの誤記にも要注意。

陥穽《かんせい》に～	×おちいる、落ちる	○はまる

「陥穽」とは「落とし穴」のことで、それを設けた側には当然、悪い謀《はか》りごとがある。したがって、それにまんまとしてやられるから「はまる」の言い方になるわけで、単に「陥《おちい》る」「落ちる」より悲惨。

奸智《かんち》に～	×秀でる、まさる、陥る	○長《た》ける

「奸智」を簡単にいえば「悪知恵」のことで、詳しく書けば「心がねじ曲がって邪《よこし》まな知恵」となる。そういう知恵のことはけっして「秀でる」とか「勝る」とかは評さないもので、「長ける」。

噛《か》んで〜	×さとす、飲み込む	○含める

母親は赤ん坊にまず食べものを「噛ん」でこまかくし、さらに口に「含ん」でやわらかくして与えるところから、「噛んで含める」となり、転じて「懇切丁寧《こんせつていねい》に言い聞かせる」譬えとなったもの。

簡にして〜を得る	×単、明	○要

ここでの「簡」にはすでに「簡単・簡明・簡易」の意が含まれており、そのうえにさらにプラスの何か、ということなので「簡にして要を得る」となる。すなわち「簡明でしかも要領を得ている」の意。

〜た風《ふう》なことを言う	×聞い、効い	○利い

「キいた風」という表現は知っていても、では漢字表記は、となると「聞いた風」とか「効いた風」としがちなものだ。正しくは「利いた風」。「利口な風」ということで、「知ったかぶり」。

危急存亡の～	×時、危機	○秋《とき》

「危急存亡の時」ではインパクトが少ないし、また「危急存亡の危機」では意味の重複になってしまう。ここは「秋」で、特に「とき」と読み、秋は穀物を収穫する最も重要な時期なので、その意は「きわめて重大な時」。ターニング・ポイント、である。

旗～を鮮明にする	×色	○幟

「旗色」と書くと音《おん》ではたしかにキショクだが、要するに「はたいろ」で「形勢」の意になってしまう。ここは「旗幟」と書き、読み方はキシ。意は「旗と幟《のぼり》」が象徴となって「自分の態度・主張」のこと。

鬼籍《きせき》に～る	×収ま	○入《い》

「鬼籍」すなわち寺院での「過去帳」で、ここには死者の名が載せられる。そこから、「死ぬ」ことを、冥界《めいかい》の戸籍である「鬼籍」に「入る」という。読み方は「はいる」ではなく「いる」。伝統的表現。

狐に〜る	×つねられ、つつかれ	○つままれ

狐に「つねられる」人はあまりいないだろうが、「つつかれる」人はいるかもしれない。いずれにせよ誤用で、正しくは「つままれる」、意は「化かされる」で、何が何だかわからず、ポカン……の状態。

木で鼻を〜	×はさむ、つまむ、繰《く》る	○括《くく》る

ここでの「括る」とは「たばねて縛る」といった意で、「木で鼻を括ったような顔」とは、フンッ……と「ことさらに不愛想な様子」をいう決まり文句。古くは「木で鼻をこくる」、また略して「木で鼻」とも。

木に〜を接《つ》ぐ	×石	○竹

どちらも同じ植物同士だが、だからといって接ぎ木（融合・調和）は無理、ということから、どうやっても「道理が通らない・調和がとれない」ことの譬えで、「木に竹を接ぐ」。縮めて「木に竹」とも。

驥尾《きび》に～	×付《つ》く、従う	○付《ふ》す

「驥尾」すなわち「駿馬《しゅんめ》」で、その尾にくっついて共に行動することを「驥尾に付す」という。では、何がくっつくかといえば、「青蠅《あおばえ》」。そこから「優秀な人につき従って物事を成し遂げる」の意に。

詭弁を～る	×あやつ	○弄《ろう》す

もっともらしい「こじつけ」や「目くらましの論法」を「詭弁」という。したがってその印象はすこぶる悪く、いかにも「もてあそぶ（＝弄ぶ）」のイメージが強いところから、決まり文句では「詭弁を弄する」。

気脈《きみゃく》を～	×交わす、通わす	○通じる

「気脈」は「気持ちのうえでの連係」といった意で、よくいえば「意志の疎通」、悪くいえば「グル」。したがって「気脈を通じる」は「ひそかに連絡を取り合って意志の疎通をはかること」。

鬼面人《きめん》を〜	×怖がらす、呑む	○驚かす、威《おど》す（嚇す）

鬼の面をかぶって人を「驚かす」あるいは「威す」ことで、転じて「いきなりビックリさせる」また「はったりや虚仮威《こけおど》しをかける」の意。後者の意が本来だが、現在は前者の意での使用も可に。

久闊《きゅうかつ》を〜る	×あたため	○叙《じょ》す

「あたためる」のはキュウカツではなくキュウコウ（「旧交」）。「久闊」の意は「長い間、便りが絶えている」状態。で、まずはそのことを手紙文の冒頭で「述べる」ことから、「述＝叙」で「叙する」。

窮地に〜	×陥る、落つ	○立つ

「窮地」とは「逃げようがないギリギリの立場」のこと。べつに落とし穴をいうわけではないので、「陥る」ではなく「立つ」。で、「窮地に立つ」「窮地に立たされる」「窮地を脱する」などと使う。

旧聞《きゅうぶん》に～	×類する	○属する

「旧聞」すなわち「古い話」で、反対語が「新聞」といったところか。「旧聞に類する」でも必ずしも間違いではないが、意味するところが微妙に変わるし、決まり文句としては成立していない。

笈《きゅう》を～	×かつぐ	○負う

旅の僧や旅人などが背負う物入れ箱、現在ならバック・パッキングを「笈」という。かの俳聖・芭蕉もこれを背に奥の細道を探訪《たんぼう》した。全体の意は「故郷をあとにして遊学する」こと。訓読みで「笈《おい》」。

胸襟《きょうきん》を～	×覗く、さらす	○開く

「胸襟」は胸と襟《えり》。そこから「心中・胸中」を意味し、「胸襟を開く」で「心を開いてうちとける」の意。「胸襟を開いてこそ他人の信頼をかちとることができる」といわれたら、とにかくザックバランに。

玉山《ぎょくざん》～る	×壊	○崩

酒席で上司が女性を見て「玉山崩る、か」と眩いたとしたら、その女性は「美人」で「なまめかしく酔いつぶれた」という意。「玉山」は「宝玉を産出する山」、転じて「容姿端麗なる美女」の意。

軌《き》を～にする	×密、同一、等しう	○一《いつ》

「軌」は「揆」でもよい。いずれにせよ、正しい決まり文句は「軌（揆）を一にする」。つまりは「事のやり方、進め方を同じくすること」で、「軌」なら「わだち」、「揆」なら「はかりごと」の意。

琴瑟《きんしつ》～す	×一致、同化	○相和《あいわ》

「琴」は和楽器の「琴」、「瑟」は大型の琴の一種で、つまりは「妻と夫」の比喩。したがって「一致す」でも「同化す」でも意味は通るのだが、決まり文句では「琴瑟相和す」。「和」は「和音」の「和」。

金的《きんてき》を射～	×止める	○落とす

「金的」は要するに弓矢の「まと」なのだが、そのなかでもとびきり上等な「金のまと」。つまりは「皆の憧れの対象」。で、それを「射止める」程度ではまだ不十分、「射落と」してこそ成功、という次第。

楔《くさび》を～	×刺す、差す	○打ち込む

「釘を～」なら「さす（「厳しく念を押す」こと）でよいが、もっと大きな「楔」となると、カンカンと「打ち込む」。意は「相手陣内に攻め入って勢力を二分する」または「相手圏内に強引に進出する」。

櫛《くし》の歯が～たよう	×抜け、落ち	○欠け

「櫛の歯」や「茶碗」などのもろいものがダメになるのを「欠ける」という。「かきもち」も「欠き餅」。で、「本来揃っているはずのものが、ところどころなくなっている」のが「櫛の歯が欠けたよう」。

苦汁《くじゅう》を〜 ×味わう、飲む ○嘗《な》める

「苦汁」すなわち「苦い汁」で、うれしい汁ではない。したがって「味わう」余裕などなく、さりとて「飲む」ではその苦さの実感が出ない。そこで、「嘗める」「嘗めさせられる」で、実感ありあり……。

薬に〜てもない ×飲みたく、変えたく ○したく

ここでの「薬」の意は「ごく少量」。それが「ない」というのだから、全体の意は「まったく、ない」になり、「あの人に、思いやりなんて、薬にしたくてもないわよ」などと使われる。

口占《くちうら》を〜 ×揃える、一致させる ○合わせる

「口占」は「口裏」と書いてもよく、意は「相手の話しぶりから真意をおしはかること」。で、真意をおしはかったうえで同調させるから「口占を合わせる」となる。事前の相談のない臨機応変さが特徴。

口三味線に〜る	×合わせ、かけ	○乗せ

三味線の口真似のメロディーに「合わせ」て唄うことではなく、そんな「気分をよくさせる口調」に「相手を乗せてしまう」こと、すなわち「うまいことをいってダマす」こと。「乗せられ」たほうの負け。

口の端《は》に〜る	×出、上が	○上《のぼ》

「口の端に上る」という。意は「噂される」こと。注意点は二つ、口の「端」の読み方は「は」、「上る」は「のぼる」。「わが社のあいつの口の端に上ったら、もう終わりだね」などと使われる。

〜を糊《のり》する	×舌、障子	○口

「糊口《ここう》をしのぐ」という決まり文句を知っていれば、すぐに「口を〜」とわかる。いずれも「なんとか生計を立てている」の意。自分の謙遜で使うぶんにはよいが、他人に対してうかつに使うと侮辱になる。

轡《くつわ》を～て討ち死に	×揃え	○並べ

「轡」は「口輪」の一種で「馬の口にかませる乗馬用の金具」。その音がガチャガチャというところから、似た鳴き声の虫が「轡虫」。また、轡の、馬の口にくわえさせる部分が「馬銜《はみ》（喰《は》み）」。

愚にも～	×ならない、とらない	○つかぬ、つかない

「馬鹿馬鹿しすぎてくだらない」意見や状況に出くわしたときに使う決まり文句。「愚にもつかぬ内容」といえば、「どうしようもなく、くだらない内容」の意。

蜘蛛《くも》の子を～よう	×逃がす、放つ	○散らす

蜘蛛の子が逃げるときは、一方向にではなく、ワッといっせいに四方八方に「散る」。そこから「蜘蛛の子を散らす（散らした）ように逃げまどう」などと使われる次第。意外にリアルな表現である。

謦咳《けいがい》に～る　×触れ、あずか　○接す

「謦咳」とは、ウッホンとかゴホンッとかの「せきばらい」のこと。立派な人が相手だと、「せきばらい」も畏《おそ》れ多いことから、最大級の敬意をこめた「面会する」の表現が「謦咳に接する」。いまや死語？

犬馬《けんば》の～をとる　×苦労、汗　○労

「微力ながらも懸命に尽くすこと」を、自分を「犬」や「馬」に譬えていう決まり文句がこれで、正しくは「犬馬の労をとる」。ここでの「労」は「労働」のそれであり「労苦」のそれである。謙虚第一。

健筆を～　×振る、握る　○揮《ふる》う

「健筆」は「旺盛な執筆活動」をいう比喩だが、そこには「すぐれた文章」であることも前提として含まれている。で、それが「発揮」されている状態だから「健筆を揮う」。ただ「振る」「握る」では不十分。

～沫《あわ》を飛ばす	×口中、口に、唇に	○口角《こうかく》

この「沫」は「泡」のようにプツプツしたアワではなく、パッ、パッという「しぶき」に近いアワ。それが「飛ぶ」のは「唇の合わせ目」のあたりなので、「口角」。全体の意は「激しく議論する」こと。

膏血《こうけつ》を～る	×かすめと	○絞《しぼ》る

「膏」は「あぶら（脂）」で、「血」は「血」。そこから「膏血」転じて「苦労して得た利益」といった意。それを、時の為政者は一滴残らず絞り取ろうとするところから、「重税取り立て」を「膏血を絞る」。

～の憂いなく	×今後、将来	○後顧《こうこ》

「今後」でも「将来」でもそれなりに意は通るが、決まり文句では「後顧の憂いなく」。「後顧」すなわち「あとの心配や気がかり」。で、「後顧の憂いなく長旅に出る」などと使われる。

攻守～を変える

×立場、局面

○所

「今まで攻めていたほうが守勢に回り、守っていたほうが攻勢に転じる」ことで、決まり文句では「攻守、所を変える」また「攻守、所を異にする」。サッカーやプロ野球中継ではおなじみの常套句。

後事《こうじ》を～す

×任、残

○託

「あとの事をまかせる」という意なのだから「後事を任す」でも意は通るが、決まり文句では少々格調高く、「後事を託す」。この「託す」の表現、「任す」の意でしばしば使われるので覚えておくとよい。

後塵《こうじん》を～

×かぶる、負う、拝む

○拝す

「後塵」すなわち「前者の立てた塵《ちり》や埃《ほこり》」のこと。で、それを「拝むように浴びる」ことから「後塵を拝す」。意は二つ、「おくれをとること」と「地位のある人に追従《ついじゅう》すること」。「排す」と誤記しないよう。

浩然《こうぜん》の気を〜	×保つ、培う	○養う

「浩然の気」とは「ゆったりとして、のびのびと大らかな精気」の意。それは、もとから自分に備わっているものではなく、ある環境で「養う」もの。で、「旅行で浩然の気を養う」などとなる。

甲羅を〜る	×重ね、古	○経《へ》

「亀の甲より年の功（劫）」というが、亀の甲羅は年輪の証でもあり、それが「年経て」いれば「長年の功」ある「ベテラン」となる。で、「甲羅を経る」「甲羅を経ている」とは、とりあえず、賛辞。

紅涙《こうるい》を〜	×流す	○絞《しぼ》る

こういう場合の「紅」は美人を含めた「広く女性一般」の意。で、「紅涙」は「女性の流す涙」となり、それを否応《いやおう》なしに引きずり出すところから、「紅涙を絞る」。悲恋たっぷりのドラマなど、この類。

～の一念　×苔《こけ》　○虚仮《こけ》

「しぶとい」ことなら「苔の一念」なる造語もわからないではないが、ここでのコケは「愚か者」のことで、漢字では「虚仮」(「虚仮も一心」とも)。意は「愚者でも集中してやれば成果を上げられる」。

沽券《こけん》に～　×掛かる、触わる　○関わる

「沽券」は「売り渡し証文」のこと。転じて「体面・メンツ」の意。それに「差し障りが生ずる」のが「沽券にかかわる」ことなので、漢字では「関わる」。「人前で泣くなんて、男の沽券に関わる」は、昔の話か。

小股が～　×切れる、切れ込む　○切れ上がる

女性の「すらりとして粋な身体つき」また「小粋でテキパキした風情」を「小股が切れ上がった」と形容する。ただし、この「小股」がどこを指すのかは内腿、ふくらはぎ、足袋の爪先、等々諸説あり、いまだ不詳。

小耳に～	×入れる、聞く	○はさむ

「ちらっと聞く」あるいは「偶然に聞く」のを、常套表現では「小耳にはさむ」という。漢字では「挟む」。では「小耳」とは何かといえば、具体的な耳の大小、また耳の部位の称ではなく、「小＝ちらり」。

～の暇乞《いとまご》い	×根性、最後	○今生

「コンジョウの暇乞い」という表現は知っていても、「根性」ではよく意味が通らない。正しくは「今生」で、意は「今、生きているこの世」のこと。つまりは「お目にかかる最後の別れの挨拶」をいう。

さ行

～洩《も》らさず報告する	×最大、仔細	○細大《さいだい》

「一部始終、細かいことも大きなことも、すべて」の意なので、「細大」。「洩らさず」がポイント。

財布の紐《ひも》が～い	×固、しぶ	○長

ここでの「財布」は昔のスタイルのもので、二つ折りにして紐で巻かれて携帯されていた。そこから、その紐が長いとなかなかお金が出てこないので、ケチな人ほど「財布の紐が長い」と揶揄《やゆ》された次第。

札束で～を叩く	×顔、つら（面）、胸	○頬

「金で人を従わせる」のを「札束で頬を叩く」という。「顔（面）」でなく「頬」と、特定している点が、具体的かつリアル。紙幣登場後の決まり文句なので、比較的新しい表現といえる。

様に～を付ける	×御、殿	○様

「山田様」の「様」がすでに敬称なのに、それにさらに「様」を付けて「山田様様」と重ねることをいう。意は「非常に敬う」こと。「様に様を付けて接してきたのに……」などと使われるが、愚行とは別。

酸鼻《さんび》の〜

×至り、極致

○極み

「酸鼻」は「鼻がツーンとして涙が流れる」転じて「ひどくむごたらしい様」の意なので、「酸鼻の状況」といった言い方ならそれで通る。が、形容句では「酸鼻の極み」。「ひどく悼《いた》み悲しむ」意も。

自家〜中の物

×躍動、薬草

○薬籠《やくろう》

「自分の薬箱に常備してある物」を「自家薬籠中の物」といい、つまりは「自分が思うままに自在に操《あやつ》れる技術や物」を指す。いわば「独自の得意技」。で、「人を騙すなんて、自家薬籠中の物」などと。

時宜《じぎ》に〜やり方

×合う、適した

○適《かな》う

まず「時機」ではなく「時宜」であることに要注意。「時宜」の意は「ちょうどよい頃合い」「ピッタリのタイミング」。で、それに「適している」ことから「かなう」で、漢字では「適う」となる。

獅子～の虫	**×心中、身虫**	**○身中**

「シシ、シンチュウ」の表現は知っていると思う。それを漢字で書くと「獅子身中」で、そこにいる「虫」だから「獅子の体内に寄生して生きさせてもらっているくせに、獅子を蝕《むしば》んでいく虫」のこと。

舌の根の～ぬうちに	**×変わら、回ら**	**○乾《かわ》か**

「今いった言葉が終わるか終わらない短かい間にヌケヌケと」という非難や呆《あき》れた印象を形容する決まり文句が「舌の根の乾かぬうちに」。「舌の根も」と使う人も多いが、これは慣用で、正しくは「の」。

死中に活を～	**×望む、さぐる**	**○求む**

「絶体絶命のピンチに、必死になって活路を見出す」のが「死中に活を求む」行為。「死」と「活」が対語になる。「死中に勝つを求む」「死中に喝を求む」「死中に生を求む」などは、もちろん誤用。

失笑を～	×浴びる、こうむる	○買う

なぜ、失笑を「買う」なのかといえば、自分ではそうなるとはまるで気づかず、わざわざお金を出して「買う」ように、思いがけず相手から「失笑」という反応を返されるから。日本流の痛烈な皮肉。

～把ひとからげ	×一	○十

よく「一把《いっぱ》ひとからげ」という人がいるが、これは明らかな誤用。雑多なものをひとからげにして一把になるとはいっても、それでは強調にならない。強調するにはそれら一把一把の計「十把」となる。

死命を～する	×賭、呈、禦《ぎょ》	○制

「死命」は「死」と「命」が対語で「生死を分ける急所」といった意。それを「支配する」のが「死命を制する」の意で、「賭《と》する」の表現を使うなら「身命《しんめい》を賭する」になる（「命がけ」といった意）。

蛇が〜を呑《の》んだ程度	×卵	○蚊

「少量すぎて腹ごたえがないこと」をいう。となれば、ちっぽけで、決まり文句ではよくありがちな語呂《ごろ》合わせを重視して、「蚊」。「天下の三菱がR社を買収したって、蛇が蚊を呑んだ程度さ」など。

杓子《しゃくし》で〜を切る	×首、背中、爪	○腹

この「杓子」は「しゃもじ」のことで、「刀」の代用。そんなもので切腹なんかできないことから、「杓子で腹を切る」となり、意は「体裁だけをつくろうこと」また「絶対に不可能なこと」の比喩。

重箱の隅を楊枝《ようじ》で〜	×つつく	○ほじくる

単に「重箱の隅をほじくる」でもよいが、ほじくるのは「指」ではなく「楊枝」と特定してあるのが本来。「つつく」は誤用。また、こういわれて、いい返す決まり文句が「重箱の隅は杓子で払え」。

秋波《しゅうは》を～	×使う、なびかす	○送る

「秋波」とは「異性に向けての媚《こ》びる目つき」のことで、「色目」とか「流し目」なら「使う」でもよいが、これは「送る」。波をこちらから相手にまで打ち寄せさせるニュアンスだ。古典的、情緒的な表現。

常軌《じょうき》を～する	×失	○逸

「常軌」すなわち「平常の軌道」で「普通のやり方」の意。それに乗っていれば何事もないのだが、それから「逸《そ》れる（外れる）」と、いわゆる「常識はずれの言動」になるので、表現も「常軌を逸する」。

焦～の急	×火、日、燥	○眉

「ショウビの急」という表現は知っていても、そこに「焦」の字があるからといって「焦火」では不適だし、「焦日」も論外。「炎が眉を焦がすまでに切迫している事態」の意なので、「焦眉の急」。

食指《しょくし》を～す	×伸ば	○動か

「食指」は人間の手のうちの「人差指」のことで、料理などの味を見る指としても使われる。その「食指」を中国の皇帝が「動か」したのを見て、他も食欲が起こったという故事から来た表現。

触手《しょくしゅ》を～す	×動か	○伸ば

「触手」とは「人間の手」ではなく、イソギンチャクなどに見られる「獲物を探して捕らえる無数の突起」のこと。それはグーンと伸びるものなので「触手を伸ばす」。「野心をもって行動を始める」意。

～に帆を掛ける	×背、腹	○尻

「さっさと逃げ出す（立ち去る）」ことをいうのだが、肝心の「帆」を、さて、どこに掛けるのかといえば、「尻」。戦国時代の旗差物《はたさしもの》なども腰帯のうしろ、すなわち「尻」に掛けたもので、ユーモラス。

心血を	×傾ける、降り注ぐ	○注《そそ》ぐ

「～を傾ける」と使うなら「精根を傾ける」の表現になる。「心血」なら「注ぐ」。「心血」すなわち「精神と肉体のありったけ」で、これを「全身全霊」の熟語で表現した場合は「全身全霊を捧げる」に。

～に膾炙《かいしゃ》する	×人工	○人口

ここでのジンコウは「人の口」の意であって、けっして「人の数」ではないし、人の手になる「人工」でもない。「膾＝なます」と「炙＝焼肉」が誰の口にも合うように「広く親しまれている」こと。

沈香《じんこう》も～ず屁も放《ひ》らず	×立て、まか	○焚《た》か

芳香の「沈香」を「焚く」こともせず、さりとて悪臭の「屁」も「放らない」という、なんとも「平々凡々たる人」を揶揄していう決まり文句で、「毒にも薬にもならない」の表現より数倍強烈。

辛酸《しんさん》を～

×味わう、浴びる　○嘗《な》める

「辛酸」とは「耐えがたい辛《から》さと酸っぱさ」で、転じて「非常に辛《つら》く苦しい体験」の意。そこから、別項の「苦汁」と同様、「味わう」とか「飲む」といったなまやさしさではなく、「嘗める」。

進退これ～る

△極ま、窮ま　○谷《きわ》ま

常套句というのはしばしば厄介なもので、意や表現が合っていても、別の特定の漢字でなければ不可とする場合もあり、これなどはその典型の一つ。「進退これ谷まる」と。出典が中国『詩経《しきょう》』のせい。

水火《すいか》も～の覚悟

×ものとせず、ものかは　○辞せず

「たとえ火の中、水の中」のようなもので、「水火」も「いとわない」ところから、決まり文句では「辞せず」。よく「水火も辞さず」という人がいるが、正しくは「辞せず」。かなり大袈裟ではある。

水泡に〜す　×化　○帰《き》

平たくいえば「水の泡になる」で、もっともらしくいうと「水泡に帰す」。なぜ「化す」ではいけないかといえば、そこにあるのは「変化」ではなく「結着」のニュアンスだから。「烏有《うゆう》に〜」などと同。

滑ったの〜の　×つまずいた、倒れた　○転んだ

江戸落語などではよく出てくる表現で、とにかく「ややこしい」「口やかましい」といった相手の様子を評して「滑ったの転んだの」という。「滑ったの転んだのと、いい加減にしろ！」などと使う。

寸鉄人《すんてつじん》を〜　×突く、叩く　○刺す

「寸鉄」とは一寸ほどの「小さい刃物」のこと、転じて「短い警句」の意。ともあれ原義は「刃物」なので「刺す」。で、「寸鉄、人を刺す」。意は「人の急所をズバリと突く」こと。鋭い一撃、である。

正鵠《せいこく》を〜　△得《え》る　○射《い》る

「正鵠」とは「弓の的」のこと。したがって正しくは「正鵠を射る」となるべきなのだが、現在では「正鵠を得る」でもよいとされている。ちなみに「当を〜」なら「得る（得た）」、「的を〜」なら「射る」。

西施《せいし》の〜に倣《なら》う　×瞳　○顰《ひそ》み

この格言、うろおぼえだと「瞳」などとしがちだが、正しくは「顰み」で、意は「眉をひそめる」こと。ひそめたのは美女「西施」、「倣う」つまり「真似た」のは醜女《しこめ》たち。「嘲笑を買う人真似」をいう。

清貧に〜じる　×甘ん　○安《やす》ん

「清貧」は「貧乏だから清らか」なのではなく「行ないが清らかゆえの貧乏」をいう。したがって、いやいやながらも「甘んじる」のでは意が通らず、「それでも満足」の誇りがあるので「安んじる」。

〜涙倶《とも》に下る

×熱、感　○声

「倶に下る」なのだから、何か、プラス「涙」が下るわけで、したがって「熱涙」とか「感涙」にはなりようがない。何か、は「声」で、「声涙《せいるい》倶に下る」。すなわち「涙ながらに語る」こと。義憤の演説。

赤貧《せきひん》〜が如し

×流す、窮まる　○洗う

「赤貧」の「赤」は「赤裸々《せきらら》」や「赤の他人」の「赤」で、意は「まったくの・まるっきりの」。で、「赤貧」とは、貧乏のなかでも特別の「まったくの貧乏」の意。それが「洗い流したように無一物」と。

雪駄《せった》の〜干し

×陰、日、土曜　○土用

「土用干し」とは「夏の土用の頃の衣服や書物などの虫干し」をいう。で、そのときに「雪駄」を干すと、乾いて反《そ》り返るところから「偉そうにふんぞり返って歩いている人」をからかってこういう。

舌端《ぜったん》火を～	×吹く、噴く	○吐く

「舌端」とは「舌の先」で、そこから「火を吐く」ように「鋭い言葉で激しく説く」こと。ポイントは「火＝鋭い言葉」の比喩にあり、「言葉」である以上、「吹く」でも「噴く」でもなく「吐く」になる。

前～の轍《てつ》を踏む	×者	○車

「轍」とは車輪の「わだち」のこと。それがわかっていれば素直に「前車」と出るところ。意は「他の経験者と同じ失敗をする」こと。

た　行

大事の～の小事	×先、後	○前

「大事の前には小事にも手を抜くな」また「大事の前には小事を犠牲にするもやむなし」の二つの意で使われる格言。「転ばぬ～の杖《つえ》」なら「先」。

斃《たお》れてのち～	×死す	○已《や》む

「斃れて」は「倒れて」ということだが、そのなかに「死」の字が含まれていることからわかるように「倒れて死ぬ」ことまで意味する。つまりは「死ぬ直前まで奮闘し、堂々と息絶える」ことをいう。

他山《たざん》の～とする	×火事	○石《いし》

「対岸の～」だったら「火事」で、意も「無関心・高見《たかみ》の見物」だが、こちらは「他山の石」で、意は「他の山から出たつまらない石でも、宝石を磨くのには役に立つ」転じて「謙虚に参考とする」こと。

出す事は～を出すも嫌い	×金、顔	○舌

つまりは「ケチ」、それも「並はずれたケチ」への揶揄の決まり文句。アカンベーと出す「舌」さえも出さないのだから相当なもの。早い話が「出す」のは損、との徹底した自己防衛、節約主義。

多々《たた》ますます〜	×便利、論ず	○弁ず

「多々ますます弁ず」で、ここでの「弁ず」の意は「しゃべる」ことではなく「取りはからう」ということ。で、全体の意を平たくいうと「数が多ければ多いほどよい」。「多々ますます善《よ》し」ともいう。

〜すべからざる人物	×歓迎	○端倪《たんげい》

「歓迎すべからざる人物」でもちゃんと意は通るが、これは「端倪すべからざる人物」という決まり文句があってこそ生まれるパロディー。例文の意は「測り知れないほどすごい」または「正体不明の」人

血で血を〜う	×争、償	○洗

「血で血を洗う」が正しい決まり文句。この「血」を文字通りの「血」と解釈すれば、暴力団の抗争などに見られる「報復戦争」の比喩に。また「血＝血族」の解釈なら「親族同士の激しい内輪もめ」に。

昼夜《ちゅうや》を～ず	△分かた	○舎《お》か

よく「昼夜を分かたず」と使う人がいるが、厳密には誤用で、正しくは「昼夜を舎かず」。意は、いずれにせよ、「昼と夜の区別なく・昼夜兼行」。「舎かず」は「とどめおかない」で、「区別なし」の意。

頂～の一針《いっしん》	×天、点	○門

つい「頂天」「頂点」などとしがちだが、それでは位置が高すぎる。ここでいう「頂＝てっぺん」とは「頭のてっぺん」で、それが「頂門《ちょうもん》」。で、全体の意は「ズバリ急所を突く戒めや忠告」のこと。

痛棒《つうぼう》を～	×浴びせる、ふるまう	○喰《く》らわす

「痛棒」とは、禅堂で僧侶が修行者をうしろから叩く戒めの棒。心の定まらない者ほど、これを多く「喰らう」。「喰《く》らわす」は「否も応もなく与える」意。で、全体の意は「手厳しく叱る」こと。

月夜に釜を〜る	×盗まれ、掘られ	○抜か

「月夜に釜を抜かる」といい、この「抜かる」は「盗まれる」の意。では全体の意は、というと、「月が出て明るい夜なのに、大事な釜を盗まれる」ことから、「ボケーッとしていて不注意なこと」への揶揄。

爪に火を〜	×点ける	○とぼす、ともす

この決まり文句で重要なのは、むしろ意味のほうかもしれない。「爪に火をとぼすような生活」とは「貧乏な暮らし」をいうのではなく、ローソクの代わりに爪に火をつけるほどの「倹約生活」をいう。

鉄槌《てっつい》を〜	×見舞う、叩く	○下す

「大きな金槌《かなづち》」を「鉄槌」という。それを、上からエイヤッと「下す」のだから、当然、意も「厳しい制裁を加えること」となる。よく使われる表現は「いまこそ正義の鉄槌を下してくれる！」など。

出物腫物所《でものはれもの》～ず	×構わ	○嫌わ

「出物」は「おならやゲップ」など、「腫物」は「おでき」。それらは本人の意志や都合を無視し、場所の「好き嫌い」などもいわず出ることをいったもの。「嫌わず」がポイント。

手を束《つか》ね～を屈《かが》む	×腰	○膝

「手を束ね」た姿勢とは「両手を胸の前で組む」姿勢。それで腰を屈めたのでは昔の中国人の挨拶の姿勢でしかなく、強調にはならない。ここは「膝」を屈めて頭を下げ、「ご機嫌とり」の卑屈な姿勢に。

～として恥じない	×天、点	○恬《てん》

「恬」は「心安らかで平気」の意の漢字で、「恬淡《てんたん》」なら「物事にこだわらず、さっぱりしている」の意。で、「恬として恥じない」になると「心に恥じるところがなく、安らか」また「平気なこと」。

同〜の論ではない	×等、質、時	○日

「同日《どうじつ》の論ではない」というのが決まり文句。ここでの「同日」の意は「同じ日」、転じて「一緒に・同次元で」。つまりは「あまりに差異がありすぎて、くらべるのも馬鹿馬鹿しい」ということ。

問うに落ちず〜に落ちる	×聞く、話す	○語る

あの「語るに落ちる」を正しくいうと、こうなる。人の不覚をいったもので、「質問されたときには用心深く秘密を隠していたのに、自分で何気なく口を開いたときに、ついポロリと白状してしまう」こと。

掉尾《とうび》を〜る	×いろど、しめくく	○飾

「掉尾」の本来の読みはチョウビで、意は、魚が死ぬ間際に「尾を掉《ふ》る」こと、転じて「最後を立派にしめくくる」こと。で、それが見事だと「掉尾を飾る」となり、「本年掉尾を飾る傑作」などと。

年端《とし》《は》も〜ぬ

×満た、届か　○行か

「年端」は「年歯」とも書き、要するに「年齢のほど」といった意。で、「年端も行かぬ」は「まだ幼い児」の比喩になる。「年端も行かぬ子に留守番をさせるなんて、不用心だ」などと使われる。

〜髪天《てん》を衝《つ》く

×頭、努　○怒

人間の髪の毛が「天を衝く」ほど逆立つのは「怒った」とき。で、「怒髪《どはつ》、天を衝く」。すなわち「猛烈な怒り」の様をいう。単なる比喩のようだが、実際、人間が激怒すると、髪は逆立つものだとか。

〜の尾を踏む

×蛇、獅子、犬　○虎

尾を踏んづければ蛇でもライオンでも犬でも逆襲してきて怖いが、中国人や昔の日本人の常識で「もっとも凶暴で怖い動物」といえば「虎」というのが定番。で、「きわめて危険なことをする」譬え。

～を野に放つ

×竜、獅子、狼　○虎

前項がわかれば、これもわかる。やはり、「虎」。意も、「猛威をふるう者を野放しにして自由に行動させる」こと。「あの凶悪犯が証拠不十分で釈放だなんて、虎を野に放つようなものだ」。

取り付く～がない

×暇　○島

ヒとシを混同する江戸っ子なら「暇」かもしれないが、ここは「島」で、意は「頼りになるものごと・よすが」。全体の意は「冷淡で素っ気なし」。

な行

七重《ななえ》の膝を八重《やえ》に～

×畳む、つく、屈む　○折る

「膝」は「屈む」ものであるが、七重、八重、となると「折る」以外に表現のしようがない。意は、依頼またお詫びでの「非常に丁重な懇願」。

二の句が〜ない	×出、つけ	○継げ

あきれたり、気おくれしたりして、「二の句」、すなわち「次の言葉」がスムーズに出てこない状態を、一の句に継続不可能、ということから「二の句が継げない」という。唖然《あぜん》、茫然とした状態。

〜覚めが悪い	×目	○寝

朝、起きるのが苦手な人は、たしかに「目覚めが悪い」だろうが、決まり文句にはない。あるのは「寝覚めが悪い」で、意も「あと味がよくない」また「良心の呵責《かしゃく》に苦しむ」こと。「朝寝坊」とは無縁。

は行

馬脚《ばきゃく》を〜す	×さら、現わ	○露《あら》わ

「化けの皮が剝《は》がれる・ボロが出る」ことで、ここでのアラワすは「露見」の「露」を使い「露わす」。

箸《はし》の～にも

×上げ下げ、使い方、棒
○上げ下ろし

単に箸の「使い方」ではなく「上げ下ろし」とするところに、この決まり文句の生命がある。すなわち「取るに足らない細かいことにまで、いちいち文句をいう」という、すこぶる付きのイヤ味。

肌に～を生じる

×鳥肌、粒、腫物
○粟《あわ》

単純に「寒さで鳥肌が立つ」こともいうが、一般に多く使われるのは「恐怖のために鳥肌が立つ・総毛《そうけ》立つ」の意のほう。その、肌に立つ毛穴のプツプツを「粟」の粒に譬えた、伝統的な決まり文句。

鼻薬を～せる

×効か、利か
○嗅《か》が

「鼻薬」の読みは素直に「はなぐすり」でよい。意は、この場合は「少額の賄賂《わいろ》」のこと。で、対象が「鼻」なので、「嗅がせる」。小役人がよくこれをやられる。

歯に〜着せぬ	×ころも（衣）	○きぬ（衣）

「衣の下に鎧《よろい》がちらちら」というときは「衣」の読みはコロモでよいが、この「歯に衣着せぬ（ず）」のときはキヌとなる。意は「包み隠さずにずけずけという」こと。誤用といより誤読に要注意の言葉。

馬齢《ばれい》を〜る	×ふ・へ（経）、数え	○重ね、加え

中国人の認識では、馬や犬は「取るに足らない・凡庸な」ものでしかない。したがって「馬齢」は「無駄にとった齢」をいう。この表現を自分に用いれば、謙遜。他人に用いると、とんでもない侮辱。

反旗を〜	×押し立てる	○翻《ひるがえ》す

「反旗」とは「謀反《むほん》を起こした者が立てる旗」のこと。それを、風に堂々とはためかせるので「翻す」。単に「立てる・押し立てる」以上の野心また気迫が備わっている、ということ。「旗幟《きし》鮮明」。

万障《ばんしょう》~て	×やりくりし、繰り上げ	○繰り合わせ

「万障」の意は「さまざまな障害やさしさわり」で、それを「なんとかうまく都合をつける」のが「繰り合わせる」。で、「万障お繰り合わせの上、ぜひ御参加を」などと使われる。

半畳《はんじょう》を~	×たたむ、はさむ	○入れる

江戸時代、芝居小屋で、芝居がつまらないと観客が桟敷《さじき》の半畳の畳や莫座《ござ》を舞台に向けて投げ入れたとか。現在なら座布団である。そこから「野次る」また「話の腰を折る」一言を、こういう。

版図《はんと》を~る	×掲げ、牛耳	○広げ

「版図」の読みはハンズではなくハントで、意は「戸籍（=版）と地図（=図）」すなわち「領土」のこと。したがって地図のように「掲げる」のではなく、「広げる」。現代風にいえば「シェア拡大」か。

微に入《い》り細〜	×に入り、にわたり	○をうがつ

「微に入り細に入り」も「微に入り細にわたり」も、いずれも誤用が慣用化したもの。正しくは「微に入り細をうがつ（ち）」。「うがつ」の漢字表記は「穿つ」で、意は「穴をあける・詮策する」。

〜万言を費《つい》やす	×一、十	○百

こういう決まり文句の場合は、大袈裟であればあるほどインパクトが強くなるもので、ここでもドーンと「百万言《ひゃくまんげん》」。すなわち「すこぶる大量の言葉」。それを「費や」しても効き目なしなら、徒労。

平仄《ひょうそく》が〜ぬ	×整わ、揃わ	○合わ

「平仄」とは、漢字で発音を分けた「平字《ひょうじ》」と「仄字《そくじ》」のことで、漢詩ではその配置に規則がある。それが「合わぬ」と「辻褄《つじつま》が合わない」ことに。

氷炭《ひょうたん》相～ず	×和さ、同ぜ	○容れ

多少の対立点があっても、うまく折り合うことを「相容《あいい》れる」という。ここでの「氷」と「炭」の場合は、「あまりに対称的すぎて、どうしても相容れず」となる。その比喩。

伏線を～	×引く、設ける	○敷《し》く、張る

「伏線」とは、推理小説などで「後に出てくる事柄をあらかじめほのめかす仕掛け」をいう。つまりは「隠された線」、それも大概は複数の線なので、「敷く」。「張る」は、慣用的に認められている表現。

物議《ぶつぎ》を～	×交わす、闘わす	○醸《かも》す

「物議」とは「世間の議論」の意。それを広くプップッと湧き起こさせる、というのが例文の意なので、「醸す」。「防衛庁長官の不用意な一言がたちまち物議を醸した」などと使われる。

勉学に～む	×励、努	○勤《いそし》

一生懸命に勉強することは「勉学に励む」ことなのだが、それを決まり文句で表現すると「勉学に勤む」となる。意はほぼ同じ。ただ「勉学に勤む」という表現が使えるだけで立派に見えるから、妙。

仏の目を～悪業	×欺く、盗む	○抜く

「私利私欲のためなら、仏像の目まで抜き取って盗むこと」転じて「私欲のために神仏をも欺くこと」の意で、下に付くのは必ずしも「悪業」でなくともよい。「仏の目を抜く」という行為そのものが、悪。

ま行

末席を～	×汚《よご》す、占める	○汚《けが》す

謙譲の言で、「本来は列席できないような私でも、加わらせていただきます」が「末席を汚《けが》す」の意。「けがす」という読み方に注意。

満面朱《しゅ》～	×に染まる、に燃える	○をそそぐ

酒に酔っての、あるいは恥ずかしさでの「満面、朱～」なのではなく、「激怒して」の満面の「朱」で、火に油を注ぐニュアンスから「満面朱をそそぐ」が決まり文句。「そそぐ」の表記は「濺」。

見得《みえ》を～る	×張	○切

「見得」でも「大見得」でも似たようなもので、要するに「歌舞伎の決めのポーズ」のこと。したがって「大見得」の場合と同様、この「見得」も「切る」。同じ歌舞伎用語「トンボを切る」の「切る」。

見栄《みえ》を～る	×切	○張

こちらの「見栄」は「見栄っ張り」の「見栄」なので、「張る」。この「見栄」の意は「見た目には栄えている」転じて「うわべ・外面」。で、「見栄を張る」は「うわべを飾る」こと。「大見栄」は誤用。

水の低きに～が如し	×流れる、注ぐ	○就《つ》く

「水」だから、つい「流れる」とか「注ぐ」としがちだが、正しくは「就く」、意は「そこへ行く」。で、全体の意は「自然のなりゆきで運ぶ物事は、人智・人力では止めがたい」ということ。

身銭《みぜに》を～	×使う、払う	○切る

「身銭」とは「自分個人の金・自腹」のことで、それで「使う」また「払う」というのが例文の意なのだが、それを決まり文句では「身銭を切る」と表現する。「自腹を切る」もほぼ同じ意。

三日に～ず通う	×開け	○上《あ》げ

三日も「間を置かず」、すなわち「中断せず」の意で、つまりは連チャンということ。その「中断せず」の意の表現が「上《あ》げず」。「三日に上《あ》げずデート」ならほぼ毎日で、夢中ということ。

蚯蚓《みみず》の～ような字	×はった、はいずった	○ぬたくった

あのミミズの動きは、「這《は》う」とか「進む」とかいった単純なものではない。まさに「ぬたくる」という動きそのもので、そこから「蚯蚓のぬたくったような文字」すなわち「とびきり下手で乱雑な字」。

～も蓋《ふた》もない	×実、把手《とって》	○身

「ミもフタもない」という言い方はよく聞くと思う。問題はその「ミ」に当てる漢字で、これは「身」、つまり「器」のこと。で、「身も蓋もない」とは「露骨すぎて、味わいも含《がん》蓄《ちく》も何もない」の意。

虫酸《むしず》が～	×湧《わ》く、起こる	○走る

汚物などには「虫が湧く（涌く）」ことはあっても、胃から口にこみ上げてくる「酸っぱい胃液」をいう「虫酸」は「湧く」とはいわない。これはツツーッと昇ってくるので「走る」。とまれ、不快の意。

娘一人に婿《むこ》〜人	×七	○八

決まり文句などでのこういう漢字の場合は「七変化」とか「竹林の七賢者」などのように「七」というのが定番なのだが、なぜかここは「八」。ともあれ、意は「一つの物事に希望者多数（過多）」。

〜三寸に納める	×腹	○胸

「この三寸ほどの胸」が「胸三寸」で、「腹」では寸法が微妙に合わないし、意もいま一つ通らない。「腹」は「決心」の比喩なのに対し、「胸」は「心中・胸中」の比喩。「胸に畳む」でも同じ意になる。

目から〜が落ちる	×幻、やに、光	○鱗《うろこ》

それまで何かに覆われていた目が、一転「新しい世界に向けて開かれ、気づかなかった本質がわかるようになる」様の比喩がこれで、目を覆っていたのは「鱗」。たしかにコンタクト・レンズ大の異物だ。

目から〜へ抜ける	×頬、口	○鼻

「利口な人」また「抜け目のない人」を譬える決まり文句が「目から鼻へ抜ける」の表現。もし「君は目から鼻へ抜けるタイプだ」などといわれても、けっしてハンサムまたは美人の意ではないので要注意。

目〜分に見る	×十、七、半	○八

「目八分に見る」が決まり文句で、「目八分」の読み方はメハチブンあるいはメハチブ。つまりは目を全開にせずに細めて冷ややかに見る目つきをいい、そこから「冷たく傲慢《ごうまん》に人を見下す態度」の比喩。

や 行

焼《やけ》〜に火がつく	×ぼっくり	○棒杭《ぼっくい》

「焼棒杭」は「焼けた杭や切株」。それにまた火がつくので「一度切れた男女の仲が復活する」意。

幽明〜を異《こと》にす

×所、世界

○界《さかい》

「幽明」とは「あの世とこの世」のことで、その「幽」の世界と「明」の世界に別れることから、決まり文句では「幽明界を異にす」、つまりは「死別する」こと。「妻とは一年前に幽明界を異にし……」。

刀折れ〜尽く

×刀、槍

○矢（箭《せん》）

「刀折れ矢尽く」という決まり文句もあれば、主役が「弓矢」だけになって「弓折れ矢尽く」という決まり文句もある。とかく「負け戦」は「尽く」のが常道。意は「降伏」。この「矢」は「箭」とも。

〜に目鼻をつけたように細い

×棒、糸

○楊枝《ようじ》

R・チャンドラーは痩《や》せた女性を評して「マッチ棒のように折れやすい」と書いているが、わが日本の決まり文句では「楊枝に目鼻をつけたよう」となる。逆にポッチャリの丸顔は「お盆に目鼻」。

～板に雨垂れ	×立、屋根	○横

要するに「立板に水」の反意語で、横にした板に雨垂れが落ちると四方八方に散って方向が定まらないことから、「弁説がつっかえて、下手」な譬えに使われる。

余勢を～	×買う、生かす	○駆《か》る

「余勢」とは「余った勢い」で、わかりやすくいえば「はずみがついて生じた、さらなる勢い」といったもの。で、それを馬のように「駆る」と、ますます「勢いに乗る」次第。イッキ、イッキ、の心境。

由《よ》って来たる～	×根拠、理由	○所以《ゆえん》

「由って来たる所以」という一つの成句になって、すなわち「由来」の意味。「もともとの根拠・理由」の意だ。「彼の主張の由って来たる所以は、社会の不合理性にある」などと多分に堅い表現になる。

夜《よ》も日も〜ず　×あげ、開け、寝　○明け

決まり文句では「夜も日も明けず」で、意は「それなしでは一時もすごせないほど熱中する」こと。「昼夜を舎《お》かず」などと同義と思い込んで「夜も日も明けず働く」などと口にすると大恥をかく。

夜を日に〜ぐ　×次、注、つな　○継

「昼夜兼行」の意は、こちらのほうになる。「夜を日に継ぐ」で、「昼夜の別なく（中断させず）つづけて物事を行なう」様の比喩になる。「夜を日に継いで働いた」など。「次ぐ」でも「注ぐ」でも不可。

ら　行

李下《りか》に冠《かんむり》を〜　×正す　○正さず

何でも「正す」のがよいと思いがちだが、「李《すもも》の木の下」では冠を「正さない」ほうがよい。なぜなら、「正す」ために冠をいじると、李を盗って隠したように誤解されるから。

言動は慎重に、の訓戒。

~錐《すい》の余地もない	×一	○立

「一錐」では「一本の錐《きり》」。その「錐」を「立てる」余地もないほどの密集・混雑なので「立錐《りっすい》」。

柳眉《りゅうび》を~る	×吊り上げ、逆立たせ	○逆立《さかだ》て

「柳眉」とは、柳の葉のようにスラリとした「美人の眉」のこと。それが、怒るとキッと上に吊り上げられる。その「吊り上げる」のが、決まり文句では「逆立てる」の強調表現になり、「美女の激怒」。

~説《せつ》に及ばぬ	×論、演、遊	○縷《る》

「それ以上クドクドと説明する必要はない」ということを決まり文句で簡潔に表現すると「縷説に及ばぬ」となる。「縷」は、「糸」または「糸のように細く長々と連なっているもの」の意。

2章

言葉の「使い方」の間違い

「聞いたことがある」からと、不用意に使うと大恥をかく！

新人が「私では役不足です」などと言うと大変！

正しいと思って使った言葉が間違っていた——こんな恥ずかしい経験を、あなたもしたことがあるでしょう。

たとえば**「目ざわり」「耳ざわり」**などの「さわり」です。**「目ざわりのよい風景」「耳ざわりのよい音楽」「歯ざわりな食べもの」「肌ざわりな布地」**……さて、このうち間違っている使い方は、どれでしょう？

実は、どれも間違い。すべて、意味が通りません。

なぜ通らないのでしょうか？

まず「目ざわり」「耳ざわり」の「さわり」ですが、これは、対象との間にある距離を置いた間接的なニュアンスの表現で、そこから使用漢字も、「気に障《さわ》る（→気障《きざ》）」の「障」になり、「障り」と表記されます。つまり〝不快〟の意を表わす言葉なのです。

対して「歯ざわり」「肌ざわり」「手ざわり」などの「さわり」は、歯も肌も手も対象に直接タッチするので「触《さわ》り」となり、その行為自体には〝快〟も〝不快〟もなく、結果として快・不快または触感が表明されるだけ、ということになります。

　正しくは、**「目障りな風景」「耳障りな音楽」**（ともに不快感の表明）、**「歯触りのよい食べもの」「歯触りのよくない食べもの」「肌触りのよい布地」「肌触りが悪いザラザラした布地」**といった具合になるわけですね。

　このように、言葉（単語）は知っているものの、その使い方を間違えるケースは、私たちの日常生活では思いのほか多く見られます。

　もちろん、それは当人にとっては恥になるものです。恥をかくくらいですんでいるうちはまだ可愛いもので、TPOによっては、重大な事態を招いてしまいます。

　たとえば上役に向かって「私が新プロジェクトのリーダーでは**役不足**ですから、辞退します」などと言ったら、どうなるでしょうか。傲慢な男だと誤解されて、窓際に追いやられたり、地方の支社に飛ばされてしまうかもしれません。「役不足」とは、その人間の実力と比較すると、役割が不足している、つまり「軽すぎる役」である、という意味なのです。

　言葉というものは恐ろしいものですね。知ったかぶりをして、肝心な言葉を「使い間違える」と、とんでもないシッペ返しをくうことになりかねません。

　そんなことのないように、くれぐれも正しい使い方をマスターしてください。

顎《あご》が干上《ひあ》がる

×走り疲れて、クタクタで顎が干上がる
○雨ばかりで、土建業は顎が干上がる

クタクタは「顎が上がる」。「顎が干上がる」は「食べものがなくて、顎の使いようがない」こと、転じて「金がなくて、生活できない」ということ。

顎で蠅を追う

×彼は、顎で蠅を追うようなモノグサだ
○長患いで、顎で蠅を追うやつれようだ

手で蠅を追い払う元気もないくらい「病気等で痩せ衰えた状態」を「顎で蠅を追う」という。

辺《あた》りを払う

×彼は、すぐに辺りを払うきれい好きだ
○横綱の、辺りを払う堂々の入場

「払う」は「行き渡る」の意で、「辺りを払う」とは「権力や勢力が周囲を圧倒し、近づき難い」こと。

一姫二太郎

×うちは、娘一人に息子二人の一姫二太郎です
○うちは、上が娘、下が息子の一姫二太郎です

「一姫二太郎」とは数ではなく順序のこと。つまり「子供の一番目が娘で、二番目が息子」の計二人をいう。最初は娘のほうが育てやすいので、理想の産み方と。

意を尽くす

×あんなに意を尽くしたのに、裏切られた……
○十分に意を尽くしたが、理解されなかった

ここでの「意」は「言葉」のことで、けっして「誠意」のことではない。「十分に意を尽くす」とは「これ以上ないいくらい説明する」ということ。

甍《いらか》を争《きそ》う

×金持ちは、すぐに甍を争いたがるものだ
○町家が甍を争う京都・西陣の一角

「甍」は「屋根の瓦」のことで、これを「争う（競う）」とは、瓦の高さを競うように「たくさんの家が建ち並んでいる様」をいう。「家競べ」ではない。

薄紙を剝《は》ぐよう

×薄紙を剝ぐように、慎重に事に当たれ
○薄紙を剝ぐように、快復に向かっている

「慎重に事に当たれ」の意なら「薄皮を剝《む》くように」といった表現が妥当か。「薄紙を剝《は》ぐように」は「病気が徐々に快復に向かっている様子」の形容句。

おざなりな

×彼は、仕事をおざなりにする悪い癖がある
○彼は、おざなりな返答をする悪い癖がある

「おざなり」は「御座成」で、意は「その場しのぎのいい加減な・まにあわせの」。同じ「いい加減」でも「なげやりの・二の次にする」は「等閑《なおざり》に」。

御為倒《おためごか》し

×また、彼女にうまく御為倒しされた
○彼女の慈善行為は、御為倒しでしかない

「おためごかし」は「ごまかし」ではない。「おため」は「自分の御為《おんため》」で、「ごかし」は「見せかけと裏腹に自分の利をはかる」こと。狡猾《こうかつ》な高等戦術。

尾羽打ち枯らす

×平凡な人間にも、尾羽打ち枯らす危険あり
○かつてのお公家さんも、尾羽打ち枯らし……

「尾羽」の読みはオハで、オバネ（尾羽根）ではない。それも「鷹」の「尾と羽根」をいい、すなわち「位の高い人の様子」の意。凡人とは無縁の語句。

覚束《おぼつか》ない

×これでは成功まで覚束ない
○これでは成功は覚束ない

「おぼつかない」は「覚束ない」で、そこには「着く・着かない」の意はない。したがって「成功まで」の表現は不適。「頼りない・疑わしい」の意。

親方日の丸

×全国大会優勝とは「親方日の丸」日本一！
○就職するなら「親方日の丸」が一番だ

ここでの「日の丸」は「国家」の意。で、「親方日の丸」は「親方が国家」の意になり、「何があってもつぶれない」経営形態を指す。つまりは、官庁等。

顔から火が出る

×社長は、顔から火が出るほど激怒した
○恥ずかしさで、顔から火が出る思いだった

恥ずかしさで「顔がカーッと赤くなる」様子を誇張した表現。「激怒」なら「頭から湯気が出る」。

語るに落ちる

×彼の話術は必ず「語るに落ちる」巧さだ
○用心深い彼が「語るに落ちる」とは……

落語などの「落ち・サゲ」をいうのではなく、「思わずポロリと本音や秘密を白状してしまう」ことを表す。

剃刀《かみそり》の刃を渡る

×あの見事さは、まるで剃刀の刃を渡るようだ
○あの危険さは、まるで剃刀の刃を渡るようだ

「きわめて危険な行動」のことで、けっして軽業師などの離れ業《わざ》をいうものではない。

感に堪《た》えない

×あんなやり方は、とうてい私の感に堪えない
○彼女の苦労話を聞いて、まことに感に堪えない

「癇《かん》に障《さわ》る」なら「我慢できない」という意になるが、この「感に堪えない」は「深く感動する」の意。否定ではなく肯定で、「感（慨）無量」とほぼ同義。

忌諱《きき》に触れる

×私の賛成意見が、部長の忌諱に触れた
○私の反対意見が、部長の忌諱に触れた

評価や感動の意ではなく、「忌」が使われていることからもわかるように「忌諱」は「忌《い》み嫌うこと」。で、全体の意は「拒絶や反発を受けること」。

踵《きびす》を返す

×恩ある人に、踵を返す行動に出る
○忘れ物に気づいて、踵を返す

「踵」とは「足のかかと」のこと。で、意も単純に「あと戻りする・引き返す」こと。「後《あと》脚《あし》で砂を掛ける」と同義と考えるのは、考えすぎ。

琴線《きんせん》に触れる

×彼の不注意な一言が、彼女の琴線に触れた
○彼のやさしい一言が、彼女の琴線に触れた

「琴線」とは「琴の弦」で、「妙《たえ》なる音色を出すもの」。それに「触れる」わけだから「感動させ、共鳴させる」ことで、「怒らせる」ことではない。

金時《きんとき》の火事見舞い

×肝心な時に遅れるとは、金時の火事見舞いだ
○飲みすぎて、まるで金時の火事見舞いだネ

「金時」とは「坂田公時《きんとき》」の幼名で、あの「金太郎」のこと。赤ら顔の怪童だ。その金太郎が火事見舞いに来たような「酒で真ッ赤な顔」をいうのが、これ。

閨秀《けいしゅう》作家

×彼はポルノ専門の閨秀作家だ
○彼女は日本を代表する閨秀作家だ

「閨秀」の「閨」は「ねや＝婦人の部屋」でもあり「婦人」の意でもある。そこから「閨秀作家」とは「すぐれた女流作家」の意。「閨秀画家」もいる。

逆鱗《げきりん》に触れる

×彼のやさしい一言が、彼女の逆鱗に触れた
○彼の不注意な一言が、彼女の逆鱗に触れた

「逆鱗」とは「龍の顎の下に一枚だけ逆さに生えている鱗」とか。それに「触れ」れば、当然、龍は激怒する。で、「激しい怒りを買う」意。「琴線」の逆。

言《げん》を左右にする

×熱弁家の彼は、言を左右にしゃべりまくった
○追及された彼は、言を左右にして逃げまくった

つまりは「左へ右へと相手をはぐらかし、尻っ尾をつかませない」こと。政治家の国会答弁や、結婚に煮え切らない男のことを思い出してくれればよい。

好事《こうじ》魔多し

×とかく芸術家には好事魔が多いものだ
○順調に昇進した直後の病気とは、好事魔多し

「好事、魔多し」で、意は「好《よ》い事には往々にして邪魔が入る」ということ。この「好事」の読みはコウジ、「好事家」ならコウズカとなる。

五指に余る

×優秀作は一、二点で、とうてい五指に余る
○優秀作が目白押しで、五指に余る状態

具体的に「五指に余る」と指の数まで明示されると「五つ以上」、「十指に余る」なら「十以上」の意。

小鼻をうごめかす

×彼女の私生活にまで小鼻をうごめかす彼
○彼女の成長ぶりに小鼻をうごめかす彼

「小鼻をうごめかす」とは「さぐりを入れる」とか「勘繰る」といった意ではなく、小鼻をピクピク、あるいはプックリとさせる「得意気な様」の比喩。

さ行

沙汰の限り

×家を出たきり沙汰の限り、どこで何を……
○警察官が窃盗犯とは、沙汰の限りだ

「けしからん、言語道断」の強調が、これ。「沙汰」は「理非善悪をとことん究明すること」の意で、「音信」ではない。

思案に余る

×十分に考えて思案に余る万全の状態だ
○いくら考えても駄目な、思案に余る状態だ

つまりは「思案投げ首」、ギブアップの状態。ここでの「余る」は「能力以上」の意。

敷居が高い

×経験の浅い彼が部長だなんて、敷居が高い
○彼には借りがあるのでどうも、敷居が高い……

あの低い「敷居」が「高く」見えてしまうほど「訪問しにくい心理状態」を譬《たと》えた表現。「まだ無理・分不相応」の意なら「家賃が高い」（一〇八ページ参照）。

忸怩《じくじ》たる思い

×彼に裏切られたなんて、忸怩たる思いだ
○彼を裏切る結果になり、忸怩たる思いだ

「忸怩」とは「心のうちで恥ずかしく思うこと」で、読みはジクジでも「ジクジクと不満に思う・すっきりしない」という意ではないので注意が必要。誤用の常連。

下にも置かぬ

×上司から、下にも置かぬ扱いを受け不愉快だ
○上司から、下にも置かぬ扱いを受け感激した

「下にも置かぬ」とは要するに「下座《しもざ》に置かぬ→上座《かみざ》に置く」という「丁重な応接」をいう。「下にも置かぬもてなし」なら「丁重きわまる接待」の意。

宗旨《しゅうし》を変える

×彼は、A嬢からB嬢へと宗旨変えをした
○彼は、喫煙から禁煙へと宗旨変えをした

「宗旨を変える・宗旨変え」とは単に「目的や目標を変える」ということではなく、それまでの「自分の趣味や主義」をガラリと「変える」ということ。

春秋《しゅんじゅう》に富む

×日本の景色は春秋に富む美しさだ
○春秋に富む彼の活躍が楽しみだ

春と秋だから「景色の変化に富む」などと解釈すると大間違い。この「春秋」は「年齢、歳月」の意で、「春秋に富む」とは「年若く将来がある」こと。

尻を持ち込む

×でしゃばりな彼が、二人の話に尻を持ち込んだ
○無能な彼が、上司にまた尻を持ち込んだ

ここでの「尻」は「問題事・後始末」の譬え。それを「持ち込む」と「相手に問題の処理を求める」意になる。で、解決してやると、「尻を拭う」。

人後《じんご》に落ちない

×彼女の成績はいつもトップで、人後に落ちない
○彼女はこと語学に関しては、人後に落ちない

「人後」とは「他人のうしろ」であり、比較しての「他人との後《おく》れの度合」でもある。で、全体の意は「他人にひけをとらない」こと。トップの意味ではない。

清濁併《あわ》せ呑む

×彼は清濁併せ呑む、強欲なやり手だ
○彼は清濁併せ呑む、度量の大きい人だ

「清濁」は「清純と不純」「善と悪」の比喩。それらを「ともに呑み込む」とは「善悪にとらわれず広く受け入れる」態度のこと。非難ではなく、誉め言葉。

是非に及ばず

×彼が何を言ってきても、是非に及ばず無視
○彼が言うのなら、是非に及ばず黙認

「是であれ非であれ、いずれにせよ、やむをえない」「しかたがない」という許可・容認の言が「是非に及ばず」。「頭から無視」する拒絶ではない。

糟糠《そうこう》の妻

×彼女は、常に貧乏に耐えている糟糠の妻だ
○彼女が糟糠の妻だったからこその、彼の今日だ

「糟糠」とは「糟《かす》と糠《ぬか》」で「貧しい食事」の譬え。そういう「貧しい時代」から「苦労をともにしてきた妻」が「糟糠の妻」、現在は貧乏ではない。

卒爾《そつじ》ながら

×卒爾ながら、ここで口を挟ませて頂けば……
○卒爾ながら、一筆啓上致しました

「卒爾ながら」の表現は、手紙文などで「突然で恐縮ですが……」の意で使われるもの。「無礼ながら・借越《せんえつ》ながら」といった意ではない。

空《そら》を使う

×いつ訪問しても、彼女は空を使う
○いつ詰問《きつもん》しても、彼女は空を使う

この「空」は「いないふり・居留守」ではなく、「知らないふり」の意。「空《そら》とぼける」の「空」。

た行

対岸の火事

×対岸の火事なのだから、参考にせよ
○対岸の火事で、こちらには関係なし

「自分には無関係で、痛くも痒《かゆ》くもないこと」の比喩。「教訓や参考」にすべきなのは「他山の石」。

竹屋の火事

×ただの空騒ぎで、まるで竹屋の火事だ
○ポンポン怒って、まるで竹屋の火事だ

竹に火がつくとポンポンと派手な破裂音を立てる。そこから、そんな「派手な怒りよう」を称して「竹屋の火事」。

他山の石

×他山の石で、こちらには関係なし
○他山の石なのだから、参考にせよ

「対岸の火事」とは逆で、意は「他の山から出たつまらない石でも、自分の宝石を磨くのには役に立つ」、転じて「自分より劣る人の言動も参考とせよ」。

掌《たなごころ》を反《かえ》す

×掌を反したように、上司に食ってかかる
○この議案を通すのは、掌を反すように簡単
○掌を反したように、賛成から反対に回る

「物事をするのが容易」また「ガラリと態度を変える」ことで、「手を反す」「手の裏を返す」とも。

為《ため》にする

×全員のことを考えた「為にする」行為
○下心ありありの「為にする」行為

「よくない魂胆や下心をもって事を行なう」ことを「為にする～」といい、「誰かの為に」という犠牲的・奉仕的精神とはまるで逆な点がポイント。

泥中の蓮《はちす》

×彼も落ちぶれて、いまや泥中の蓮だ
○彼の清廉潔白さは、まさに泥中の蓮だ

「はちす」は「はす」の古名。「蓮」また「蓮の花」は必ず賞賛に使われる。「泥中の蓮」も「汚れた環境でも染まらずに清く生きている人」の比喩に使われ、もちろんほめ言葉。

手鍋《てなべ》提《さ》げても

×あんな男のところ、手鍋提げても嫁に行くな
○あの男だったら、手鍋提げても嫁に行け

「手鍋」は、つるの付いた鍋で「貧乏」の象徴。したがって「手鍋提げても」は「どんな貧乏もいとわない」との、女性の決意表明の言。今は昔、か。

手の舞い足の踏む所を知らず

×手の舞い足の踏む所を知らない乱雑な部屋
○手の舞い足の踏む所を知らない喜びよう

つまりは、宝クジにでも当たったような「大喜び」のフィーバー状態をいい、あの「乱雑」で「足の踏み場もない」のとはまったく別の状態。

東西を弁ぜず

×こまかいことまでいちいち東西を弁ぜずだ
○東西を弁じることもできない未熟者

ここでの「弁ぜず」は「しゃべらない」ことではなく「弁《わきま》えず」ということ。で、「東西を弁ぜず」は、「東も西もわかっていない」の意、になる。

な行

雪崩《なだれ》を打つ

×敵の猛攻に、全員雪崩を打って壊滅
○敵の猛攻に、全員雪崩を打って敗走

「雪崩」の勢いはすごいが、だからといって「全滅」の意ではない。ドドッというその「勢い」の比喩。

生木《なまき》を裂く

×実子と別れさせられ、生木を裂かれる思い
○恋人と別れさせられ、生木を裂かれる思い

「生木を裂く」という表現は「相愛の男女」に関してのみ使われるもので、「いやいやの別れ」をいう。

習い性となる

×彼にはそれが「習い性《しょう》」になっている
○彼には「習い、性《せい》」となっている行動

「習い性」で切るのではなく、「習い、性」と区切るのが正しい。意は「習慣は、ついにはその人の性質になってしまう」ということ。習慣の怖さ、だ。

ニべもない

×失敗に関して、彼はニべもなく直ちに謝罪した
○彼の謝罪を、上司はニべもなく無視した

ニべは「鮸膠」で、鮸という魚の浮袋から作った膠《にかわ》のこと。粘着力のあるそのニべ「もない」ことから「愛想も思いやりもなし」の意。冷淡。

熨《の》斗《し》を付ける

×上出来なので、熨斗を付けて誉める
○もう不用なので、熨斗を付けて返す

贈り物などに「寿」などと書いて付ける紙片が「熨斗」。で、「熨斗を付ける」とは「丁重に贈ります」の意。「熨斗を付けて返す」は「喜んで返す」こと。

歯ざわり

×このセンベイは、固すぎて歯障りだ
○このセンベイは、パリパリと歯触りがよい

食べものと歯の関係は、互いに直接触れるものなので「歯触り」。「手触り」「肌触り」も同。

鼻毛を読む

×いつでも鼻毛を読んでいるような、なまけ者
○いつでも鼻毛を読まれている、お人好し

女が「男を好きなようにあしらう」譬えで、男にとっては不愉快な台詞。「鼻毛を数える」とも。

幅を利《き》かせる

×彼も経験を積んで、幅が利くようになった
○彼は会社で、かなり幅を利かせているらしい

この「幅」は「範囲」の意ではなく「勢力・はぶり」のこと。「政治家が幅を利かせる」「暴力団が幅を利かせている」など、批判的に使われる。

贔屓《ひいき》の引き倒し

「贔屓」とは「後援者」のことで、その「贔屓」が「好きな相手を贔屓しすぎて、かえって不利にしてしまう」ことを、こういう。

×ファン無視とは、贔屓の引き倒しだ
○あからさまな擁護は、贔屓の引き倒しだ

引かれ者の小唄

「小唄」だから「粋」と思うのは早計。江戸時代、刑場に引かれていく罪人が、無理に平静を装って小唄を口ずさんだところから、「負け惜しみ」「強がり」。

×失敗しても粋とは、引かれ者の小唄だね
○失敗したのに強気とは、引かれ者の小唄だね

含むところがある

「含むところ」とは「暗喩」とか「言外の意」といった高等な概念ではなく、要するに「胸に含むところの感情」で、すなわち「怨みや憤り」のこと。

×この表現には、暗喩的な含むところがある
○彼は、私に対して何か含むところがある

臍《ほぞ》を噛む

×たび重なる苦労にもじっと臍を噛んで耐える
○たび重なる失敗に臍を噛む毎日

「臍」すなわち「へそ」で、自分のへそは噛もうにも噛めないことから、「後悔しても、もはや手おくれと嘆くこと」。「決意する」は「臍を固める」。

ま行

間尺《ましゃく》に合わない

×この設計では、うまく間尺に合わない
○この条件では、どうにも間尺に合わない

この場合の「間尺」は「割合」の意で、「間尺に合わない」とは「割に合わない・損だ」の意。

睫《まつげ》を濡らす

×彼女は感動して、思わず睫を濡らした
○彼女は警戒して、思わず睫を濡らした

これは「眉に唾を塗る」と同じで「だまされないように気をつけること」。「頬を濡らす」とは別。

耳ざわり

×モーツァルトの音楽は、実に耳触りがよい
○隣家のピアノの音は、実に耳障りだ

「耳ざわり」も「目ざわり」も「気ざわり」も、物同士が直接触れる関係ではないので、「ざわり」は「障り」。つまりは「不愉快」ということ。

身も世もない

×こうなったら身も世もない、やっちまえ！
○夫の急死に、彼女は身も世もなく泣き崩れた

「身も世もない」とは、「やけっぱち」を意味しない。「わが身や世間体を考えていられない」、「普通の状態でない、取り乱した」様。

無下《むげ》にする

×すべてを無下にして再出発する
○せっかくの厚意を無下にする

「無下にする」とは「ゼロにする」ことではなく、「捨て去ってかえりみない」ことの強調表現。特に、相手の恩情や厚意に対する無礼な態度をいう。

目くじらを立てる

×社長は、目くじらを立てて激怒した
○社長は、目くじらを立てて非難した

「目くじら」とは「目角《めかど》」また「目の端」のことで、それを「立てる」とは「些細なことをムキになって非難する」こと。表現自体に「非難」の意がある。

目糞鼻糞を笑う

×彼の芸なんて、目糞鼻糞を笑うようなものだ
○彼の批評は、目糞鼻糞を笑うのたぐいだ

「目糞鼻糞」をいっしょくたにして「笑う」ことではない。「目糞」が「鼻糞を笑う」ことで、すなわち「自分の欠点を棚に上げて、人の短所を嘲笑する」ことを、からかった譬え。

目ざわり

×初夏の新緑は、実に目触りがよい
○あのヘアスタイルは、実に目障りだ

「耳障り」「気障り」と同様、「目に障る＝見た目に不愉快」だから「目障り」。

目を白黒させる

×彼は、目を白黒させて怒り出した
○彼女は、目を白黒させて驚いた

「ひどく驚く」様の形容句で、「突然の外国人の来訪に彼女は目を白黒させた」などと使うのが一般的。表現自体に「ひどく驚く」意が内包されている。

諸刃《もろは》の剣

×バイリンガルとは、便利な諸刃の剣だ
○即断即決は、諸刃の剣の側面もある

「一方では有益でも、一方では危険を招く恐れのあるもの」が「諸刃の剣」で、「一挙両得」とは別。

や行

役不足

×新入社員が議長とは、役不足だ
○専務が会議の書記では、役不足だ

「その人の力量に照らし合わせて、役目が軽すぎること」が「役不足」。逆が、「荷が重い」。

家賃が高い

×ヤリ手の彼は、家賃が高い暮らしをしている
○いくらヤリ手の彼でも、取締役は家賃が高い

「家賃が高い」とは要するに「上すぎる」ということで、「まだ無理」の意。「先発投手陣の軸だなんて、新人にはまだ家賃が高い」などと使う。

雪を欺《あざむ》く

×あんな潔白な人を騙すとは、雪を欺く行為だ
○彼女は、雪を欺く肌の持ち主だ

ここでの「雪」は「清潔」とか「潔白」とかの比喩ではなく、単純に色彩としての「白」で、それを「欺く」とは「雪にも負けないほど白い」の意。

弓を引く

×一気に攻勢開始だ、全員、弓を引け！
○恩義あるあの人に弓を引くなんてできない

単純に弓を引くことではない。「そむく・反抗する」という意になるのが「弓を引く」行為で、標的は「敵」ならぬ「味方」また「恩ある人」。

ら行

猟虎《らっこ》の皮

×あの人は猟虎の皮で、とにかく図太い
○あの人は猟虎の皮で、いつもイエスマン

「猟虎」は、あのラッコ。その毛は、手で撫でつけた方向に容易になびくので、それを揶揄していう。

諒《りょう》とする

×君の成績はとりあえず諒として合格だ
○君の判断はとりあえず諒として次に行こう

「諒とする」は「良とする」ではなく、「もっともなこととする・よしとする」の意。

わ行

割を食う

×預金の利息が頼りの、割を食う生活
○金利が急に下がって、割を食った

ここでの「割」は「損・不利」の意。

3章

ことわざ、格言の間違い

意味さえわかれば、使い方は自由自在

ことわざ、格言は、意味さえ知っておけば正しく使える

文章でも日常会話でも、一種の味つけや強調としてことわざや格言をうまく使うと、それだけで表現力は格段にアップするものです。

ただし、あくまでも「うまく活用できるのなら」という条件づきの話です。そうでないと、かえって逆効果になります。2章「言葉の『使い方』の間違い」と同様、妙な使い方をすると大恥をかきかねないのが、ことわざや格言の怖さです。

では、どんな点に気をつけたらよいのか？

ことわざや格言をうまく使うためには、何をさておいても、それらの正しい意味を把握しておくことです。

たとえば、よく間違って使われるものに、**「情けは人のためならず」**というのがあります。これを、「だから自分にだけ情けをかけていればよいのだ」という意味で人前で使ったりすると、赤っ恥をかくばかりか、非情なエゴイストとして白い目で見られることになりかねません。

正しい解釈は、「他人に情けをかけてやれば、それがめぐりめぐって、いずれ自分にも良い報いとして返ってくる」というものです。意味さえわかっていれば、自然に、正しい使い方もできるようになります。

よく知られたことわざならまだいいのですが、「格言」となると、中国の故事や孔子の『論語』などが関係してくるケースが多いので、本来の意味を正しく理解しないで使うと、面目丸つぶれになります。ふだんあまり耳にしない〝大層な格言〟が相手となればどうしても身構えて聞くし、それがとんでもない誤用だとなると、カサにかかって馬鹿にしたくなる――人間の反応とは、いつの時代もこうしたものです。厳しいようですが、間違ったほうが悪いのです。

もちろん、ここで紹介することわざや格言は、ちょっと教養のある人なら知っているものや、知っているとまでは行かなくても一度や二度は耳にしたことのあるものが中心です。めったに使われないようなものは収録されていません。目的は、あくまでも「使い間違い」の指摘とチェックにあるからです。

ことわざや格言を使いたいという気持ちがあるなら、ここで紹介してあるポピュラーなものの意味を正しく覚えてください。

敢《あ》えて主とならず客となる

×厚意に甘えて、敢えて主とならず客となる
○敢えて主とならず、相手に合わせておく

「自分中心にならずに、相手に合わせて受け身で行動する」というのがこの格言の意。甘えとは違う。

秋の鹿は笛に寄る

×命令だ。秋の鹿は笛に寄るで、賛成しよう
○うまく騙され、秋の鹿が笛に寄ってしまった

秋は鹿の交尾の季節。で、鹿笛を牡鹿の誘惑の声と勘違いして寄ってくるので「容易に騙される」意。

悪法もまた法

×悪法もまた法、違法でなければ許される
○悪法といえども法だ、従わざるをえない

「たとえ悪法であっても、それが通用している間は法なので、従わざるをえない」というソクラテスの訓戒。けっして悪用をすすめている言葉ではない。

麻の中の蓬《よもぎ》

×彼は、麻の中でも惑わされない孤高の蓬だ
○彼は、麻の中で好影響を受けて立ち直った蓬だ

「麻」はまっすぐに伸びる「善人」、「蓬」はその中の「曲がった人」の比喩。で、「人は善人の近くにいれば感化されて、いつしか善人になるものだ」の意。

新しい酒を古い革袋《かわぶくろ》に盛る

×新しい酒を古い革袋に盛るのが改革だ
○新しい酒を古い革袋に盛るような愚行

ここでの「古い革袋」とは「時代遅れの形式・考え方」をいう。そこに「新しい酒＝斬新な思想」を入れたのでは台無しになってしまう、の意。

悪貨は良貨を駆逐《くちく》する

×悪貨が良貨を駆逐するように、革命が勝利した
○悪貨が良貨を駆逐するように、悪がはびこる

金銀の含有量が少ないのが「悪貨」で、多いのが「良貨」。したがって「良貨」は各人の手許《てもと》にストックされ、「悪貨」ばかりが流通する、ということ。

羹《あつもの》に懲りて膾《なます》を吹く

×彼は、羹に懲りて膾を吹く類《たぐい》の冷静な慎重派だ
○彼は、羹に懲りて膾を吹く類の臆病者だ

熱い吸い物の「羹」で舌をやけどしたために、冷たい和物《あえもの》の「膾」までフーフーと冷まして食べようとする「一度の失敗に懲りての用心過多」への揶揄。

雨垂れ、石を穿《うが》つ

×悪を放置すると、雨垂れ、石を穿つ事態になる
○雨垂れ石を穿つで、忍耐がいずれ実を結ぶ

「小さな悪がいずれ大きな悪になる」ということではない。「雨垂れ」は「微力」の譬《たと》えで、それでもやがては石に穴をあけるほどの力になるとの教訓。

雨に沐《かみあら》い、風に櫛《くしけず》る

×雨に沐い、風に櫛る仙人のごとき自由な生き方
○雨に沐い、風に櫛るがごとき苦労の日々

雨で髪がびしょ濡れになり、風が櫛となって髪がふり乱されるほどの「苦労」をいう。昨今流行の「自由な生活」とは無縁の逆境。約して「櫛風沐雨《しっぷうもくう》」。

石に漱《くちすす》ぎ流れに枕す

×彼は、石に漱ぎ流れに枕して頑張った
○彼の論法こそが「石に漱ぎ流れに枕す」だ

中国・晋《しん》の孫楚《そんそ》が「石に枕し流れに漱ぐ」と言うところを間違えたにもかかわらず、これでよしと強弁した故事から「負け惜しみ・こじつけ」の比喩。

市に帰するが如し

×あの望郷の念は、まさに市に帰するが如しだ
○あの仁徳は、まさに市に帰するが如しだ

「市」とは「街」のこと。そこに、しぜんと人が集まるように「仁徳の士にはしぜんと人が慕って集まってくる」ということ。「帰する」は「そうなる」。

市《いち》に虎あり

×市に虎ありで、都会とは怖いところだ
○市に虎ありで、噂や風聞には気をつけろ

町中に虎などいるはずがないのに、誰かが「いた」といい出すと、それがいつしか事実として一人歩きをはじめ、皆が信じてしまう、という教訓。

一犬影に吠ゆれば百犬声に吠ゆ

×「一犬影に吠ゆれば」で、団結は力だ
○そんな話は「一犬影に吠ゆれば」の類だ

「みんなで渡れば怖くない」とか「一致団結」のことではない。「一人が嘘をいうと、大勢の人がそれを本当のこととして言いふらす」ということ。

一将功成りて万骨《ばんこつ》枯る

×万骨は枯れても一将功成り名遂げた英雄
○万骨を枯らして一将のみ功成った利己主義者

この「一将」は名将でも英雄でもなく、むしろ多くの兵士を犠牲にして「手柄を一人占めにした大将」を指す。つまりは論功行賞《ろんこうこうしょう》狂いの利己主義者。

移木の信

×昔から「移木の信」といい、信は移ろいやすい
○昔から「移木の信」という、約束は必ず守ろう

昔の中国で、王が民衆の信を得るため、都の南門の大木を北門に移した者には賞金を与えると約束し、きちんと実行した、という故事から来た言葉。

殷鑑《いんかん》遠からず

×殷鑑遠からずという。希望実現の日は近い
○殷鑑遠からず、まず足元から見つめ直そう

「殷」は中国の殷の国、「鑑」はその殷が重視すべき「手本」の意。その手本は何かといえば、前代の夏《か》の国の滅亡の例で、「身近に手本あり」との訓戒。

牛にひかれて善光寺参り

×行きたくないけど「牛にひかれて」で……
○お蔭様で「牛にひかれて」が幸運でした

善光寺近くに住みながら不信心の老婆が、干しておいた布を牛にひっかけられ、追いかけて行った先が善光寺で、以後は信心するようになったとの伝説から、「他人の誘いで善導されること」。

疑わしきは罰せず

×「疑わしきは罰せず」なのだから無罪だ
○「疑わしきは罰せず」で、結論は見送りだ

「疑わしい」というだけでは「罰せられない」、罰するには確固とした証拠が必要である、というのが本来の意。だから必ずしも完全無罪は意味しない。

詠雪《えいせつ》の才

×才能があるのに若死にとは、詠雪の才だ
○彼女の文才こそ、まさに「詠雪の才」だ

「女性の文才がすぐれている」譬え。降る雪を「柳絮《りゅうじょ》（柳の綿）」に譬えたので「柳絮の才」とも。

燕雀《えんじゃく》安《いず》んぞ鴻鵠《こうこく》の志を知らんや

×「燕雀安んぞ」だ、大志を持とう
○「燕雀安んぞ」で、大志は理解されない

「燕雀」とは燕や雀などの「小さな鳥」。対して「鴻鵠」は鴻《おおとり》や鵠《くぐい》などの「大きな鳥」の譬えで、つまり「小人物には大人物の思っていることなど理解できない」という格言。「小者」への揶揄と訓戒。

往者諫《いさ》むべからず

×「往者諫むべからず」で、英雄を非難するな
○「往者諫むべからず」で、過去は不問に付せ

「往者」とは「過ぎ去ったこと」。で、「すでにすんでしまったことを責めてもしかたがない」の意。

己《おのれ》に如《し》かざる者を友とするなかれ

×「如かざる」つまり気が合わない者は避けよ
○「如かざる」つまり劣る者を友人にするな

「如かざる」の意は「上ではない」。で、全体の意は「自分より劣っている者を友人にするな」、転じて「つきあうなら自分よりすぐれた者にせよ」の訓戒。

己の欲せざる所は人に施《ほどこ》すなかれ

×「己の欲せざる所は人に……」という。自分がしたくないことはしなくてよいのだ。
○「己の欲せざる所は人に……」で、自分が望むことこそ、他人のために行なうべきだ

まさに後者の意の、孔子『論語』の精髄《せいずい》の格言。

か行

骸骨《がいこつ》を乞う

×骸骨を乞う思いです。彼には厳罰を！
○もう限界です。骸骨を乞いたく存じます

「骸骨を乞う」とは、楚《そ》の氾増《はんぞう》が主君の項羽に「身を尽くして骸骨のようになった身体を

返してほしい」と辞職を願い出た故事から来た言葉。

咳唾珠《がいだたま》を成す

×彼女はまさに咳唾珠を成す饒舌家《じょうぜつか》だ
○彼女はまさに咳唾珠を成す才女だ

ふと出た「咳《せき》と唾《つば》」さえ珠玉と化す「文才・詩才」。

海棠《かいどう》、睡《ねむ》り未だ足らず

×すごい寝不足で、海棠睡り未だ足らずの状態
○海棠睡り未だ足らずのなまめかしさだ

「海棠」はバラ科の植物。唐の玄宗皇帝が、絶世の美女・楊貴妃の「まだ酔いのさめきらないなまめかしさ」を譬えていったとされる台詞が、これ。

隗《かい》より始めよ

×隗より始めろという。ゼロからの再出発だ
○隗より始めろで、まず卑近なことから着手だ

燕《えん》の昭王が賢者を集める策を部下の郭隗《かくかい》に尋ねたときに、郭隗が答えた台詞。まず私を優遇すれば私より優秀な人が集まるでしょう、と。そこから、例文の後者の意と「まず自分自身が着手せよ」の意に。

隠れたるより見《あら》わるるは莫《な》し

×「隠れたるより……」で、姿を現わすほうが得

○「隠れたるより……」で、かえってバレる

つまりは「隠せば隠すほどかえって人に知られてしまう」ということ。「色に出にけり」と同。

渇《かっ》しても盗泉の水を飲まず

×「盗泉」つまり盗んだ水など、飲みはしない

○「盗泉」なんて名の泉の水は、絶対飲まない

意は「たとえ落ちぶれても断じて不正は行なわないこと」だが、誤解されているのは「盗泉」のほう。これは、ある泉の名称で、孔子はその名を嫌った。

渇《かつ》に臨みて井《せい》を穿《うが》つ

×「渇に臨みて井」で、タイミングが肝心

○「渇に臨みて井」では、もはや手遅れだ

のどが渇いてから井戸を掘りはじめても手遅れ、ということ。常日頃から備えておけ、との訓戒。

糧《かて》を棄て船を沈むる謀《はかりごと》

×反乱成功のためには「糧を棄て……」が最善
〇この苦境は「糧を棄て……」で一気に逆転だ

楚の項羽が戦で自軍の食糧を捨て、兵舎を焼き、船を沈めて兵士に背水の陣を敷かせて大勝したという故事から「あえて策を講じて背水の陣を敷き、必死の覚悟で戦う」ことをいう。

鴨の水掻《みずか》き

×所詮は「鴨の水掻き」で、徒労でしかない
〇一見、気楽そうでも、「鴨の水掻き」でネ

鴨は気楽そうに水に浮かんでいても、実は水面下で絶えず足を動かして水を掻いているところから、「人はそれぞれに苦労があるものだ」の譬え。

下問《かもん》を恥じず

×下らない質問でもよい、「下問を恥じず」だ
〇部下に素直に聞け、「下問を恥じず」だ

「下問」とは「目下の人に質問すること」で、それを「恥じず」とは「恥ずかしいと思わない謙虚で真摯《しんし》な姿勢が大切」ということ。『論語』の教え。

甘井《かんせい》まず竭《つ》く

うまい水の湧く井戸には皆が殺到するので一番に枯れる。そのように「才能豊かな人はそれを使いすぎて早く衰える」ということ。荘子の格言。

×「甘井まず竭く」で、美味には誰も目がない
○「甘井まず竭く」で、彼ももはや並の人だ

邯鄲《かんたん》の歩み

燕《えん》の青年が趙《しょう》の都の「邯鄲」に行き、都会風の歩き方を真似てはみたもののうまくいかず、自国での歩き方も忘れて這《は》って帰ったという故事から「自分の本文を忘れ、むやみに人真似をする愚」。

×彼の堅実な生き方こそ「邯鄲の歩み」だ
○人真似ばかりじゃあ「邯鄲の歩み」になる

棺を蓋《おお》いて事定まる

「事定まる」とは「死んで初めて評価が定まる」ということ。存命中の評価への鋭い疑義でもある。

×棺を蓋いて事定まる。死ねばすべておしまい
○棺を蓋いて事定まる。真の評価はこれから

君《きみ》、君たらずとも、臣《しん》、臣たらざるべからず

×「君、君たらずとも」で、上が駄目なら下も駄目
○「君、君たらずとも」で、部下は忠義を尽くせ

「君」すなわち「主君」が主君らしい有徳の人でなくても、「臣」すなわち「部下」は部下らしく道理をわきまえ、忠義を尽くせ、との封建的倫理観。

九切《きゅうじん》の功を一簣《いっき》に虧《か》く

×一人の失敗が命取りとは「九仞の功を」だ
○最後の最後で失敗とは「九仞の功を」だね

一仞は八尺で、九仞は七十二尺、つまり「非常に高い」こと。そんな高い山も、最後の「一簣」すなわち「もっこ一杯の土」なしでは完成しないことから「積年の努力を些細な失敗で無駄にする」の意。

窮鳥ふところに入れば猟師もこれを殺さず

×「窮鳥ふところ……」で、じっくり料理した
○「窮鳥ふところ……」で、情が大切だ

「窮地に陥った人が救いを求めてきたら、たとえ敵対する相手であっても冷酷にはできな

い」との格言。

朽木《きゅうぼく》は彫るべからず

×その仕打ちは朽木を彫るような非道さだ
○朽木は彫るべからず、忠告なんか無駄だ

彫刻の材料にもならないような「朽木」すなわち「不正直で堕落している人間」相手に、「彫る」すなわち「道理を説く」のは無駄、との孔子の訓戒。

錐《きり》、嚢中《のうちゅう》に処《お》る

×才があっても発揮の場がなくては「嚢中の錐」
○「嚢中の錐」で、彼は必ず頭角をあらわす

袋の中の錐は袋を破って表に出てくるように、「俊才は市井《しせい》にあっても必ず頭角をあらわし、世に出てくるものだ」というのがこの格言の意。『史記』。

空谷《くうこく》の跫音《きょうおん》

×見えない影に怯《おび》えるとは「空谷の跫音」だ
○遠方よりの友の来訪は「空谷の跫音」だ

「空谷」は「人影のない谷」、転じて「孤独な暮らし」。「跫音」は「足音」の意で、つまりは「孤独な暮らしに来訪者・来信がある」喜びをいう。

愚公、山を移す

×それはまさに「愚公、山を移す」暴挙だ
○それはまさに「愚公、山を移す」快挙だ

「愚公」とはあるが、その名の老人が家の前の山を「堅実に努力を重ねて」、ついに移動に成功するという「大事を成しとげ」たので、当然、賛辞になる。

唇滅びて歯寒し

×すっかり落ちぶれて「唇滅びて歯寒し」だ
○盟友の死で彼も「唇滅びて歯寒し」の心境だ

「唇」と「歯」は不即不離の関係で、人間関係でいえば「互いに協力し合う同士」を指す。その「一方が滅んで、もう一方も危うくなる」譬えが、これ。

君子は器《き》ならず

×君子は器ならずだ、粗末な扱いをするな
○君子は器ならずだ、今回も見事に切り抜ける

器は、その目的に応じて作られるもので、したがって融通はきかない。対して「君子」は「器ならず」なのだから「一芸に秀で、融通もきく」の意。

君子は独りを慎む

×君子は独りを慎む、今夜も皆で集まろう
○君子は独りを慎む、余計な心配は無用だ

「独りを慎む」とは「独りでいるときでも慎みを忘れて徳に違《たが》うようなことはしない」という意。孤独が嫌い、とか、友を尊重する、の意ではない。

薫《くん》は香を以て自ら焼く

×これぞ「香を以て……」の美しき犠牲的精神
○「薫は香を以て……」で、彼も身を滅ぼした

香草は、なまじ芳しい香りを発するがために、人に摘まれて焼かれてしまう。そこから「才人が、その才のゆえにかえって身を滅ぼすことがある」譬え。

鶏群の一鶴

×彼は「鶏群の一鶴」、一人、仲間外れだ
○彼は「鶏群の一鶴」、一人、際立っている

「鶏」は「凡人」である。対して「鶴」は「目立つ存在・才人」の比喩。したがって「浮いている」存在ではなく「ピカピカに際立っている」ということ。

鶏口《けいこう》となるも牛後《ぎゅうご》となるなかれ

×「鶏口となるも……」だ、先制攻撃をしろ！
○「鶏口となるも……」だ、小さくても長に！

「鶏口」は「小なれども組織の長」、「牛後」は「大なれども組織の兵卒」といった意。その「牛後」に「なるなかれ」なのだから、後者の例文の意になる。

剣を落として舟を刻む

×あの転身ぶりはまさに「剣を落として……」だ
○あの間抜けさは「剣を落として……」だね

舟の上から剣を落としてしまい、その落とした場所を、舷《ふなべり》に刻みを入れてチェックした、という故事から「臨機応変に対応できない愚かさ」の譬え。

恒産《こうさん》なき者は恒心《こうしん》なし

×貧乏で「恒産なき」だと、ヤル気もないものだ
○定職がないと「恒産なき」で、道徳心もない

「恒産」は、財産ではなく「一定の職業」といった意。それがないと、「恒心」すなわち「ぐらつかない信念」もない、という孟子の「職のすすめ」。

孔席暖まらず、墨突《ぼくとつ》黒ずまず

×私の多忙は「孔席・墨突」の故事通りですよ
○氏の多忙はまさに「孔席・墨突」の通りだ

「孔席」は「孔子の席」、「墨突」は「墨子の家の煙突」のこと。それが、ともに多忙で暖まらず、黒ずまず、なので、自分の比喩に用いるのは潜越《せんえつ》。

巧遅《こうち》は拙速に如《し》かず

×巧遅は拙速に如かずだ、ゆっくりとやれ
○巧遅は拙速に如かずだ、とにかく急げ

「如かず」とは「かなわない・上ではない」ということ。したがって「巧《うま》くても遅いよりは、拙《つた》なくても速いほうがよい」となる。つまりは拙速のすすめ。

効能書の読めぬ所に効能あり

×「効能書の……」だ、じっくりと行間を読め
○「効能書の……」だ、難解さがかえっていい

哲学書がときとしてそうであるように、薬の効能書も難解であることによってかえってありがたがられたりする。この諺は、それを皮肉ったもの。

股肱《ここう》の臣

×彼は、腹黒い野心のある「股肱の臣」だ
○彼は、忠義心の厚い信頼できる「股肱の臣」だ

「股肱」とは「股と肱《ひじ》」すなわち「手足」で、それに等しい「信頼の厚い部下」を「股肱の臣」という。

虎口を逃れて龍穴に入る

×虎口を逃れて龍穴に入ったから、もう安心だ
○「虎口を逃れて龍穴」の、一難去ってまた一難

「虎口」も「龍穴」も、どちらも怖いもの。龍虎揃い踏みだ。で、「一難去ってまた一難」。

悉《ことごと》く書を信ずれば即ち書無きに如かず

×「悉く書を……」で、本は一冊読めば十分
○「悉く書を……」で、無批判は害になるだけ

「読む以上は批判や懐疑をもて」との孟子の訓戒。

五斗米《ごとべい》のために腰を折る

×あの実直さは、まさに「五斗米の……」だ
○あの卑屈さは、まさに「五斗米の……」だ

「五斗米」は現在の「五升米」で、唐の陶淵明の時代の俸給額のこと。その「たかが五斗米」のために「人にぺこぺこする」馬鹿馬鹿しさをいう。

さ行

歳寒《さいかん》の松柏

×さすがはベテラン、「歳寒の松柏」の巧みさだ
○「歳寒の松柏」という、ここが我慢だ

「松」も「柏（コノテガシワ）」も常緑で、厳寒にも緑を失わないことから、「艱難辛苦《かんなんしんく》に耐えて節操を固く守り、信念を貫き通す」ことをこういう。

皿なめた猫が科《とが》を負う

×「皿なめた猫」みたいに出しゃばると損だ
○「皿なめた猫」だったのが運の尽きだ

皿の上の魚をたいらげた猫は逃げ去り、そのあとの皿だけをペロペロとやっているのをみつかったのが「皿なめた猫」。この不運……。

山雨来《きた》らんと欲して風楼《ろう》に満つ

×「山雨来らん……」という、好機は逃すな
○「山雨来らん……」という、用心しろ

高殿に風が吹き込みはじめると、山からの雨が降り出す前兆。そこから「大事の前には何か前兆があるものだ。それを見逃すな」との教訓が、これ。

鹿を逐《お》う者は山を見ず

×「鹿を逐う者は山を見ず」の集中力が肝心だ
○君の進め方は「鹿を逐う者」の余裕のなさだ

夢中で鹿を逐っている人は、周囲の様子や山全体の姿をしばしば見失う。その「余裕のなさ」、ひいては「世の道理や情勢への暗さ」を戒めた格言。

児孫《じそん》のために美田を買わず

×「児孫のために……」だ、荒れた田を買え
○「児孫のために……」だ、財産は残すな

「美田を買わず」とは「肥えた田を買わない」ことで、なぜなら、美田に甘んじて子孫が懸命に働かなくなるから。転じて「あえて財産は残すな」の訓戒。

七歩《しちほ》の才

×彼の能力なんて「七歩の才」で高が知れてる
○彼の能力は「七歩の才」と呼ぶべき凄さだ

兄である文帝が弟・曹植《そうち》の才智を嫉《ねた》み、「七歩、歩く間に詩を作れ」と命じたところ、曹植がたちどころに作ったという故事から「卓越した詩才」をいう。

舐犢《しとく》の愛

×「舐犢の愛」そのものの濃《こま》やかな愛情だ
○「舐犢の愛」では子供を駄目にするだけだ

「舐犢の愛」とは「母牛が子牛を舌で舐める」ことで、それに「愛」がつくと、すなわち「母の溺愛」となり、「濃やかな愛情」とは別ものになる。

死馬の骨を五百金に買う

×それこそ「死馬の骨を……」の無知の大損だ
○「死馬の骨を……」式の人材募集策もある

駿《しゅんめ》馬を買いに行かされた使者が大金を払って「死んだ馬の骨」を買い戻り、王に問い質《ただ》されて曰く「これで駿馬の売り込みが殺到する」との故事。

沙弥《しゃみ》から長老にはなれぬ

×「沙弥から……」で、若者に発言権はない
○「沙弥から……」で、いきなりの出世は無理

「沙弥」は「若年僧」のこと。その沙弥がいきなり「長老にはなれぬ」ように、「順序を踏まなければ物事は進まない」ことの譬え。

菽麦《しゅくばく》を弁ぜず

✕どちらでもよい、「菽麦を弁ぜず」だ
〇あの愚かさはまさに「菽麦を弁ぜず」だ

「菽」とは「豆」のこと。その豆と麦を「弁ぜず」すなわち「識別もできない」ことから、「きわめて愚かで身近な物事の区別も知らない」ことの譬え。

蜀犬《しょっけん》、日に吠ゆ

✕「蜀犬日に吠ゆ」で、やたらとタテ突くね
〇妙に疑り深いね。「蜀犬日に吠ゆ」だ

蜀の国では雨天が多いため、たまに太陽が顔を出すと犬はそれを怪しんで吠えた、との故事から、「見識の狭い者が、賢い者の行為に疑いを向ける」譬え。

書は以て姓名を記するに足るのみ

✕「書は以て……」で、著者の名は永遠に残る
〇「書は以て……」で、大事なのは大志だ

ここでの「書」は「書道」のこと。書道は、自分の名前が書ければ十分、それよりも私には大志がある、との項羽の、父の叱責に対する自負の弁。

すべての道はローマに通ず

×「すべての道は……」だ、なんとかなるさ
○「すべての道は……」だ、協力して頑張ろう

古代ローマ帝国全盛期には領地内の道はすべてローマに通じていた。そこから「真理は一つ、方法や手段は違っても目的は同じだ」が正しい解釈。

性相近《せいあい》く、習《ならい》相遠し

×性格は近いが趣味が違う「性相近く……」の仲
○「……習相遠し」で、環境の違いは大きい

人が生まれながらにもっている素質には大きな違いはないが、その後の教育や生活環境で大きな差が生じる、という意の「環境の重要性」論（『論語』）。

盛年重ねて来《きた》らず

×盛年重ねて来らず、老年期を楽しめ、だ
○盛年重ねて来らず、今を無駄に過ごすな

若い盛りの年頃、すなわち「盛年」は二度とやって来ないので、その時を無駄に過ごしてはならない、後悔しますよ、という陶淵明の訓言。

節季《せっき》の風邪は買っても引け

×「節季の風邪」だ、流行には後れるな
○「節季の風邪」だ、堂々と休んでしまえ

「節季」とは盆暮前などの勘定期の「忙しい時季」で、そんなときでも「風邪（病気）」なら堂々と休めるので「買ってでも引け」という、便利な諺。

善を責むるは朋友の道なり

×「善を責むる」で、損な善行は友にさせるな
○友人だからこそ「善を責むる」で、善行を促せ

ここでの「責むる」は「促し迫る」こと。バッシングではない。したがって「善行を促し迫ることこそ真の友人のとるべき道である」が正しい解釈。

た行

大恩は報ぜず

×部下には知らせるな、「大恩は報ぜず」だ
○それもしかたがない、「大恩は報ぜず」だ

この「報ぜず」は「報われず」の意。「大きすぎる恩だと、かえって相手に気づかれない」との意。

大患《たいかん》は忠に似たり

×「大患は……」という。悪人こそが忠臣だ
○「大患は……」という。彼こそ偽忠臣だ

「大患」は「大悪党」で、そういう者ほど「忠臣」のふりをしているものだ、という『宋史』の訓戒。

大功を成す者は衆に謀らず

×「大功を成す者」だ、何も他人に相談するな
○「大功を成す者」だ、自分の決断を尊重しろ

重要なのは「大功」の言葉で、「大きな功績」の意。一方、「衆」は「凡人たち」のこと。単なる「ワンマンのすすめ」ではないことに要注意。

大声《たいせい》は里耳《りじ》に入らず

×「大声は……」という。大声ほど聞こえにくい
○「大声は……」という。俗人には理解不可能だ

この「大声」とは大きな声のことではなく「高尚な音楽」転じて「すぐれた道理」の意。一方「里耳」は「大衆の耳」を指す。荘子の格言。

卵を見て時夜《じや》を求む

×あれこそ、卵を見て時夜を求むカンのよさだ
○あれこそ、卵を見て時夜を求む性急さだ

鶏が時刻を告げることを「時夜」という。その「時夜」を、まだ卵のうちから求める性急さをいい、「物事の順序を考えず早急に結果を求める愚」の意。

闘雀《とうじゃく》、人に怖《お》じず

×あの不遜な言動はまさに「闘雀、人に……」だ
○あの大胆な勇気はまさに「闘雀、人に……」だ

雀のように小心・臆病な者でも、闘っているときは夢中で、思わぬ力を発揮するものだ、という意の諺。俗にいう「火事場の馬鹿力」でもある。

敵は本能寺にあり

×「敵は本能寺にあり」、目的はただ一つだ
○「敵は本能寺にあり」、真の目的は別だ

光秀が毛利勢を攻めると見せかけて、本能寺の信長を討った故事から、「真の目的は別にある」こと。

天網《てんもう》恢々《かいかい》疎《そ》にして漏らさず

×「天網恢々」という。誰にもしゃべるな
○「天網恢々」という。悪事は必ず罰せられる

「疎にして漏らさず」なのは人間のほうではなく「天網」すなわち「天が張った是非を正す恢々たる（広大な）網」。で、「悪はけっして逃れきれず」。

な　行

泣いて馬謖《ばしょく》を斬る

×「泣いて馬謖を」だ、友を裏切るもやむなし
○「泣いて馬謖を」だ、私情を捨てよう

諸葛孔明《しょかつこうめい》が、命令に背いた腹心・馬謖を、規律を守るために私情を捨てて「泣いて斬った」故事。

二階から目薬

×「二階から目薬」の、大所高所からの見解
○「二階から目薬」の、効果ゼロの対策

「天井から目薬」でも同じ。要するに「思うようにできない」「効果が上がらない」ことの比喩。

人間到る所青山《せいざん》あり

×「人間到る所青山あり」で必ず成功の日が来る
○「人間到る所青山あり」、故郷を捨てよ

「青山」とは「墓地」。広い世間に死場所はどこにでもある、だから「大志を抱き故郷を出よ」の意。

は行

敗軍の将は兵を語らず（談ぜず）

×「敗軍の将は……」だ、兵士のせいにはすまい
○「敗軍の将は……」だ、何も語るまい

この場合の「兵」は、兵士ではなく「兵法」を指す。で、「事に失敗した将は、それについてとやかく語る資格がない」が正しい意。兵士は関係ない。

畑に蛤《はまぐり》

×これは「畑に蛤」の、思わぬ幸運だ
○これは「畑に蛤」の、大きな見当違いだ

畑に蛤などあるはずもなく、掘ってもみつかる「幸運」など可能性ゼロ。そんな「見当違いな方法で物を求める」「求めても手に入らない」愚をいう。

歯亡び舌存す

×一方だけ生き残り、「歯亡び舌存す」だ
○樫が倒れて柳が残り、「歯亡び舌存す」だ

老子が病床の友人の歯がないのを見て「歯は堅固だから抜け落ち、舌は柔らかいから残った」と語った故事から「剛堅先に滅び柔軟かえって残る」の意。

廂《ひさし》を貸して母屋《おもや》を取られる

×「廂を貸して……」で、まんまと騙される
○「廂を貸して……」で、恩を仇で返される

「廂を貸」すのは「親切心」から。にもかかわらず「母屋を取られる」のは、騙されるというよりも「恩を仇で返される」こと。

匹夫《ひっぷ》の勇

×匹夫の勇、つまらない男にも勇気はある!
○しょせん「匹夫の勇」、相手にするな

「匹夫」とは要するに「道理をわきまえない凡人」のことで、その「勇」とはすなわち「思慮分別を欠いた、血気にはやるだけのニセの勇気」のこと。

牝鶏晨《ひんけいあした》す

×女性の大活躍でまさに「牝鶏晨す」の盛況
○大統領夫人の口出しこそ「牝鶏晨す」の典型

「晨す」は牡鶏（雄鶏）が時を告げること。それを「牝鶏（雌鶏）」がする、とは「女性が勢力をふるう」ことで、「それが災いして家や国が滅ぶ」意にも。

洞《ほら》ケ峠をきめこむ

×「洞ケ峠」をきめこんで、サボって昼寝……
○「洞ケ峠」をきめこんで、傍観・日和見《ひよりみ》……

信長死後、秀吉軍と光秀軍のどちらに味方すべきかと「洞ケ峠」で傍観・日和見をきめこんだ筒井順慶の態度から出た言葉。山崎の合戦の「風見鶏」。

ま行

水清ければ魚棲《うおす》まず

×「水清ければ……」だ、悪い事もせよ
○「水清ければ……」だ、度量を大きくせよ

「人も清廉潔白すぎると他人に敬遠されるぞ」の警句で、悪事のすすめ、ではなく「度量の重要さ」。

水は方円の器に随《したが》う

×「水は方円の……」で、自我を殺す事も大切
○「水は方円の……」で、環境には注意せよ

「水」は「人間」、「方円（正方形と円形）の器」は「環境・交際」の比喩で、それに「随う」とは「影響されてしまう」の意。その危険性をいう。

三日見ぬ間の桜

×「三日見ぬ間の桜」だ、好機は絶対に逃すな
○この変わりよう、まさに「三日見ぬ間の桜」

満開の桜も三日後にはもう散っている。そこから「変遷はなはだしき世の移ろいやすさ」をいう。

紫の朱《あけ》を奪う

×「紫の朱を奪う」の通りの、堂々たる晴れ舞台
○「紫の朱を奪う」の通りの、非道な下克上

「紫」は中間色、「朱」は純粋な色。その「紫」が「朱」よりも好まれる時代を孔子が嘆いた故事から、「邪のものが正のものに取って代わる」ことをいう。

柳に雪折れなし

×「柳に雪折れなし」だ、のらりくらりが最善
○「柳に雪折れなし」だ、柔軟さこそが肝心

柔軟な柳の枝は積雪にも折れずに耐えることから「柔軟性の長所」をいう。のらりくらりとは別。

やはり野に置け蓮華草《れんげそう》

×「やはり野に置け……」で、田舎者は田舎に住んでいればいいのだ
○「やはり野に置け……」で、人には適した環境や、適材適所というものがあるのだ

俳人・瓢水が、遊女を落籍しようとした友人を諫《いさ》めて作った句「手に取るなやはり野に置け蓮華草」が原典で、けっして田舎者への侮蔑の言葉ではない。後者の例文の意で使うのが正しい使い方。

預言者、郷里に容《い》れられず

×「預言者」は「郷里」では嫌われるものだ
○「預言者」は「郷里」では価値を認められない

この「預言者」とは「イエス・キリスト」のこと。そんな「偉大な人」でも「子供時代から知っている郷里の人には価値を認められない」ということ。

わ行

若木に腰掛けるな

×「若木に……」という。危険だから、よせ
○「若木に……」という。無理はさせるな

「若木」すなわち「若者」が主体で、その若者のために「腰を掛けるな」ということ。で、「まだ未熟な若者を頼ったり、無理をさせるな」の訓戒になる。

4章

同音異義語の間違い

スマホ・パソコン時代の必須知識

文章全体の意味を変えてしまう「同音異義語」のミス

スマホ、パソコンの時代になり、その功はめざましいもので、言葉は知っているが漢字がすぐに出てこない、というほとんどの日本人に共通の悩みは、一気に解消された観があります。

しかし、油断は禁物。なにごとにも功があれば罪があるのが世のならいで、スマホ、パソコンも例外ではありません。あの便利な「漢字変換機能」も、実は致命的欠陥を抱えているのです。それは、ほかでもない、「同音異義語」への対処の手だてのなさです。

たとえば「クジュウ」という言葉を漢字に変換したとき、「苦渋」と「苦汁」とが出たら、どちらを選択するか？「クジュウをなめる」なら「苦汁」になり、「クジュウの決断」なら「苦渋」になるのですが、そこまでは機械も教えてはくれません。その結果、「苦汁の決断」などとやってしまうと、あなたは大恥をかくことになるのです。

あらためて断るまでもなく、漢字には共通の音を持つ字が多くあります。特に平板なアクセント、イントネーションが主流の日本語の発音では、本家本元の中国以上に共通音が多くなります。そのことは、たとえば「い」でも「せい」でも、とにかく思いついた字を漢字変換してみれば一目瞭然でしょう。あまりに多すぎてタメ息が出るに違いありません。

これを逆にいうなら、そのくらい誤用する危険も多いということです。それも、一つの漢字だけならまだしも、熟語という二つ以上の漢字になり、しかも先の「苦渋」と「苦汁」のように、それぞれが独自の意味を持っているとなると、ことは簡単ではありません。文章の意味自体が大きく変わりかねない危険まではらんでしまうわけです。

こうしたミスをおかさないためには、とにかく、漢字の持つ意味をよく把握しておく以外にありません。特に、日常的に多用される漢字や熟語ほど、そうなのです。日常的に多用される表現だからこそ、間違ったときのダメージも大きいのです。

この章では、使用頻度が高く、表記ミスをすると恥をかく、あるいは文章の大意を変えてしまう「同音異義語」を中心にまとめてあります。

ことに、〝文章の大意を変えてしまう危険〟は、くれぐれも避けるべきです。漢字表記を間違えて恥をかくのも嬉しいことではないでしょうが、文章の意味を変えてしまうことにくらべれば、笑ってすませる程度のダメージでしかありません。

あう

三時にアう→会う
靴がアう　→合う
事故にアう→遭う

「会う」は、「面会」を表わす表記で、「大阪で会う」など。一方「合う」は「適合」のニュアンスが原意で、「帽子が合う」「気が合う」など。対して「遭う」はアクシデント的な「遭遇」のニュアンス。他に男女間の「逢う」。

あがる

階段をアがる→上がる
意気がアがる→揚がる
証拠がアがる→挙がる
物価がアがる→騰がる

一般的には「上がる」でさしつかえないのだが、熟語で「揚々」とか「昂揚」がふさわしい場合は「揚がる」、「検挙」「挙手」などのニュアンスの場合は「挙がる」で、「高騰」

「騰貴」のニュアンスであれば「騰がる」、といった具合に書き分けられればベストである。

あく

扉がアく→開く
席がアく→空く
埒《らち》がアく→明く

「開く」は「閉まる」の反対語。「空く」は「空白」のニュアンス。「明く」は「明示・明白」また光に関して盲目の人の「目が明く」。

あし

アシを洗う→足
机のアシ　→脚

「足」は膝から下、または靴を履く部分。それが「脚」になると、腰から下の部分。「船脚」「雨脚」。

あずかる

品物をアズかる　→預かる
ご相伴にアズかる→与る

保管または委任されるのが「預かる」。対して、関与する意の場合は「与る」。「お裾分けに与る」。

あたたかい

アタタかいスープ→温かい
アタタかい気候　→暖かい

「温かい」は「冷たい」の反対語。「温かい人柄」など。「暖かい」は「寒い」の反対語。「暖かい土地」。

あたる

賞金がアタる　→当たる
食べ物にアタる→中たる

「中たる」は「毒に中たる（＝中毒）」「的に中たる（的中）」また「命中」、などと使われるアたるだが、現在は「当たる」でも可。

あつい

面の皮がアツい→厚い
人柄がアツい　→篤い
室内がアツい　→暑い
口調がアツい　→熱い

「厚い」は「薄い」の反対語で、「厚い本」など。対して「篤い」は主に人間の性状をいい、熟語では「篤実《とくじつ》な人柄」など。一方「暑い」は「寒い」の反対語。気温に関して使われるのが一般的。また「熱い」は「冷たい」の反対語で、「熱い風呂」「熱い仲」など。

あと

アトの祭だ　↓後
親のアトを継ぐ↓跡

「前」と反対語のアトが「後」で、「後を振り返る」「後はよろしく」など。対して「跡」は行動の痕跡や事績・地位の継承に関するアト。

あぶら

アブラを売る↓油
アブラが乗る↓脂

「油」は、「天ぷら油」「水と油」のように液体状のアブラ。対して「脂」は、「脂肪」に代表される動物性のアブラ。「脂性《あぶらしょう》の肌」など。

あらい

気性がアラい↓荒い
肌理《きめ》がアラい↓粗い

「荒い」は「穏やか」の反対語。「波が荒い」「人使いが荒い」など。一方「粗い」は、精妙・丁寧でないアラい。「粗い仕事」「粗い砂」。

あらわれる

怪獣がアラワれる→現れる
効果がアラワれる→表れる

具体的に形のある物・人がヌーッと出るのが「現れる」。対して、抽象的なものの表出が「表れる」。

あわせて

手をアワせて祈る→合わせて
アわせて御多幸を→併せて

「併せて」は、A・B両者を、大小の差に関係なくミックスすることで、「清濁併せ呑む」なども。

いかす

命をイかす→生かす
人をイかす→活かす

「生かす」は「殺す」の反対語で、「生かすも殺すも」など。対して、「活かす」は「活用」の意で、「時間を活かす」「廃材を活かす」。

いぎ

同音イギ語　→異義
イギを唱える→異議

「異義」の場合の「義」は、意味とか道理のことで、「異義」は「意味が異なる」こと。対して「議」は「意見」で、「異なる意見」。

いけん

活発なイケン　→意見
イケン申し立て→異見

一般にいうイケンは「意見」でよい。が、その意見が他人と異なったものであれば「異見」となる。「異議」「異論」と同類の「異」。

いし

イシ表示　→意思
イシが強い→意志

普通一般に使う、心に抱いている考え・思いなら、「意思」。が、それに強い「志《こころざし》」が内包されていれば、「意志」。「意志強固」など。

いちりつ

千篇イチリツ→一律
イチリツ減免→一率

「同じ・等しい」の意なら「一律」。「一律に扱う」など。対して「一定の比率」の意なら「一率」。「全社員の一率リストラ」「一率減反《げんたん》」。

いどう

場所をイドウ→移動
人事イドウ　→異動

同じイドウでも、地位や財産などが以前とは異なるという場合は「異動」となる。「財産の異動」とか「家族欄の異動」などが代表的。

いる

堂にイル　→入る
担保がイル→要る
家にイル　→居る

「要る」は「必要」のニュアンス。「金が要る」「人手が要る」など。「居る」は「存在する」の場合。

うかがう

ご機嫌をウカガう→伺う
顔色をウカガう　→窺う

「伺う」の意は、訪問または質問。「都合を伺う」など。「窺う」は、判別。「チャンスを窺う」など。

うた

歌曲の子守ウタ→歌
五木の子守ウタ→唄

「歌」は西洋的音階のウタ、また和歌や短歌の総称。対して「唄」は日本的伝統のもとのウタ。「小唄」「長唄」「端唄《はうた》」。

うつ

釘をウつ→打つ
銃をウつ→撃つ・射つ
仇をウつ→討つ

「撃・射」は攻撃的な闘いのウつで、代表的なのは、「銃を～」。一方、「討つ」は、仇討ちや討伐のニュアンスで、「返り討ち」など。

うつす

答案をウツす→写す
壁に影をウツす→映す

「写す」は、早い話が、コピー。対して「映す」は光が媒介する反映で、「鏡に映す」「画面に映す」。

うつろ

ウツろな目つき→虚ろ
心の中がウツろ→空ろ

虚脱状態に近いウツろなら「虚ろ」。「虚ろな心」など。対して、中が空洞状なウツろをいう場合は「空ろ」。丸木舟の別称「空ろ舟」。

うむ

鶏が卵をウむ→産む
疑惑をウむ→生む

出産に関するウむは、「産む」。それ以外のウむは、「生む」。で、「新記録を生む」。また、生育の意で「ウみの親」も「生みの親」。

うらみ

ウラみをもつ　→恨み
〜を欠くウラみ→憾み

一般に用いるウラみは「恨み」また「怨み」。対して、遺憾の意の場合は「憾み」。「公平を欠く憾みがある」「不出来の憾みが残る」。

えんえん

エンエンと続く一本道→延々
エンエン長蛇の列　→蜿蜒
気息エンエンの状態　→奄々
エンエンと燃え上がる→炎々

長々と続く状態をいうエンエンは「延々」でよい。が、蛇が進むようにうねうねと曲がりくねりながら進む様のエンエンなら「蜿蜒」または「蜿々」「蜒々」。一方、息が絶え絶えの状態のエンエンなら「奄々」。盛んな炎なら「炎々」。この他にも、美しくしとやかな様をいう「婉々」というのもある。

おかす

罪をオカす　↓犯す
権利をオカす↓侵す
危険をオカす↓冒す

犯罪的行為なら「犯す」。対して侵害・侵入の意なら「侵す」。冒険的なオカすなら「冒す」で、これは「病魔に冒される」とも。

おくれる

約束の時間にオクれる↓遅れる
流行にオクれる　　　↓後れる

単純に時間等でオクれる場合は「遅れる」。対して、他の対象と比較して「後れをとっている」場合は「後れる」。「時代後れ」「後れ毛」。

おさめる

勝利をオサめる　　↓収める
注文の品をオサめる↓納める
学問をオサめる　　↓修める
国をオサめる　　　↓治める

結果的に自分の所有になる場合は「収める」。あるべき状態に入れる場合は「納める」。

おじ

母の兄はオジ→伯父
母の弟もオジ→叔父

「伯」は兄弟の長子を意味し、一方「叔」は弟を意味する。で、同じオジでも、自分の親の兄なら「伯父《はくふ》」、弟なら「叔父《しゅくふ》」となる。

おちる

目から鱗がオちる→落ちる
飛行機がオちる→墜ちる
地獄にオちる→堕ちる

一般に、上から下に物体がオちるというときは、「落下」「下落」の「落ちる」。その落ちるのが、きわめて高いところからであれば、「墜ちる」。「隕石が墜ちる」「権威が墜ちる（失墜）」など。対して、良い状態から悪い状態にオちる場合は「堕ちる」。「罪に堕ちる」。

おんじょう

厳罰よりオンジョウ主義→温情
オンジョウあるはからい→恩情

「温情」は、あたたかく思いやりのある心、の意。対して「恩情」は、師弟間などの「恩」を強調した表現で、「恩情に泣く」など。

おんわ

気候オンワな地→温和
オンワな人柄　→穏和

「温和」の「温」は主に気候に関して用いられる漢字だが、おとなしい、の意もあり、「温和な日々」「温和な忠告」などとも使われる。

対して「穏」は、おだやか。で、こちらの「穏和」はもっぱら人柄や性格を形容する場合に用いられる。「穏和な性格の人」「穏和な人柄の先生」など。

か行

かいこ

半生をカイコ→回顧
カイコ趣味　→懐古

過去を顧みるのが「回顧」。対して、懐しく思うのが「懐古」。

かいする

一堂にカイする　→会する
間に人をカイする→介する

単に「会う」意であれば「会する」でよく、「再び会する」「偶然会する」など。対して

「仲介」の場合は「意に介さない」の「介」。

かいせき

茶の湯のカイセキ料理→懐石
宴席のカイセキ料理　→会席

「会席料理」は茶道とは無関係の、会合の席での塗膳の和風料理。

かいてい

運賃をカイテイする　→改定
教科書のカイテイ版　→改訂
賃貸契約のカイテイ期→改締

前の定《き》まりを改めて新しく設定する場合は「改定」。単に改めるだけでなく、間違っていた部分を正しく改める場合は「改訂」。対して条約や契約等を結び直す場合のカイテイは「改締」の表記になる。

かいとう

試験問題のカイトウ　→解答
人生相談のカイトウ者→回答

「解答」は「解いた答」で、クイズや数学などの「解答」と、すぐにわかる。対して「回答」は、返事、考えの表明。「質問への回答」など。

かいほう

門戸《もんこ》カイホウ→開放
奴隷カイホウ→解放

単純に「開け放つ」意なら「開放」。対して、束縛などから「解き放つ」意なら「解放」。「民族解放戦線」「感情の抑圧からの解放」。

かいり

骨と肉がカイリ→解離
人心からカイリ→乖離

「解離」は「解け離れる」意で、「水と油に解離する」「解離剤」など。「乖離」は「そむき離れる」意で、「本音と建前の乖離」。

かえりみる

自らをカエリみる→省みる
半生をカエリみる→顧みる

「反省」の意であれば「省みる」。対して「回顧」または「振り返る」の意なら「後を顧みる」など。

かえる

演技をカえる→変える
主役をカえる→代える
空気をカえる→換える
衣裳をカえる→替える

「変化」の意であれば「変える」。「肩代わり・交代」の意なら「代える」で、「祝辞をもって挨拶に代える」「命に代えても」など。対して稽古場の空気を入れカえるという場合は、「言い換える（換言）」の「換える」。一方、同じ範疇に属するものの間での「交替」の意なら、「替える」。「商売替え」など。

かがみ

化粧室のカガミ→鏡
武士のカガミ　→鑑

「鑑」は、よき手本・模範、の意。したがって、女房の「鏡」と「鑑」では意味は大違いになるので注意。

かき

いわゆる「夏のシーズン」という広い意なら「夏季」で「夏季運動会」や「スキー場は夏季閉鎖」など。対して「夏の限定された一時期」や「夏だけの学期」の意なら「夏期」。「夏期ボーナス」。

カキの渇水→夏季
カキ大学　→夏期

かげ

「陰」は要するに「陽」の反対で、「表」に対する「裏」。ただし、草木が覆って見えない部分のカゲの場合には「蔭」の字になり、庇護の意が生じて「お蔭様で」などと使われる。一方、「影」は、物体が光と反対方向に作る黒いカゲ。

カゲに回って悪口→陰
先輩のおカゲで　→蔭
壁に映るカゲ　　→影

かくげつ

「毎月・月づき」の意なら「各月」。「ひと月おき」なら「隔月」。これは「各週」「隔週」

カクゲツ精算→各月
カクゲツ発行→隔月

の場合も同様。また「先月」なら「客月」。

かくらん

カクラン戦法→撹乱
鬼のカクラン→霍乱

「かき乱す」の意なら「撹乱」でよい（正しくはコウラン）。ただし「鬼のカクラン」の場合は「霍乱」。意は「暑気《しょき》あたりの病」。

かしゃく

良心のカシャク　→呵責
カシャクのない追及→仮借

「呵」は、叱る・なじる、の意。で、「呵責」は「責めなじる」。対して「仮借」は「大目に見る」意。

かしょう

カショウ評価→過小
カショウ申告→過少

「過小」は「最大」の反対語で、「過小な評価」など。対して、「過少」は「過多」の反対語。「過少な支払い」「人員過少」など。

かす

制裁をカす→科す
税をカす　→課す

「科」は「とが」で「咎《とが》」に通じる。で、刑罰を与える場合のカすは「科す」。対して、「課す」は、義務・割り当て、の意。

かた

水泳の自由ガタ　→形
カタどおりの挨拶→型

見た目そのままの状態・姿・スタイルが、「形」。「髪形」「手形」など。対して、見本やモデルの意なら、「型」。「型に嵌《は》まる」など。

かたい

カタい約束→固い
カタい材質→堅い
カタい態度→硬い

しっかりしていて強く丈夫なカタいは「固い」。「固い団結」「固い意志」など。対して、堅牢・堅実の意のカタいは、「堅い」。「手堅い守備」「堅い儲け話」「身持ちが堅い」など。一方、「柔らかい」の反対語のカタいは「硬い」。「態度を硬くした（硬化）」「緊張で硬い表情」「硬い水（硬水）」など。ただし三者ともさほどの差はない。

かつて

カツて読んだ本→嘗て
カツてない災害→曾て

「嘗て」は「過去に……したことがある」場合。対して「曾て」は「未《いま》だ一度もない」場合。

かなう

夢がカナう　→叶う
カナう者なし→敵う
条件にカナう→適う

「思いどおりになる」のが「叶う」。「相手と対等にやれる」が「敵う」。「ふさわしい」なら「適う」。

かん

カンきわまって泣く→感
別人のカンを呈す　→観
女性はカンがよい　→勘

感情的なカンなら「感」で、観察による様子や考察自体なら「観」（「人生観」「歴史観」

「別世界の観あり」など)。一方、「勘」は、直感・第六感的な、あのカン。

かんさ

会計カンサ　→監査
真偽のカンサ→鑑査

「鑑査」のほうは「じっくりと観察して優劣等を見きわめる」こと。

かんしょう

絵画をカンショウする→鑑賞
盆栽をカンショウする→観賞
歴史をカンショウする→観照

趣味等なら「鑑賞」だが、対象が景色や樹木なら「観賞」。対して「観照」は、主観をころして冷静・客観的に見比べ、明らかにする意。

かんしん

いたくカンシンする　→感心
上司のカンシンを買う→歓心
カンシンに耐えない　→寒心
まったくカンシンなし→関心

「歓心」は、歓《よろこ》ぶこと、歓んでうれしく思う心。それを「買う」とは、早い話がゴマすり。

一方「寒心」は、ぞっとすること。他に「甘心」「好心」「閑心」等も。

き

『日本書キ』→紀
『古事キ』→記

「紀」は歴史の正しい順序にしたがって書く「世・代」の意。他に「紀行文」なども。
一方、「記」は単純に「記録」で「旅行記」等。

ぎ

半信半ギ→疑
ギ音効果→擬

「擬」は、真似る・似せて作る・もどき、の意で「雁擬」と書いてガンモドキと読む。「モギ試験」も本来は「模擬試験」が正しい表記。

きえん

ふとしたキエン→機縁
まさしくキエン→奇縁

「機縁」は、めぐりあうきっかけ、の意。これが「奇縁」になると、思いも及ばない不思議な縁、の意になり、「合縁奇縁」などと使う。

きく

物音をキク　→聞く
音楽をキク　→聴く
不審な点をキク→訊く
香りをキク　→聞く

自分の耳が勝手にキくのであれば「聞く」でよい。この「聞く」、「嗅《か》ぐ」の意もあり、「香りを聞く（聞香《もんこう》）」などとも使われる。一方、耳に神経を集中して積極的にキく場合は「聴く」。「話を盗み聴く」など。また「訊問」するの意のキくであれば、「訊く」。

きく

胃薬がキく→効く
機転がキく→利く

「効果あり」の意なら「効く」で、「広告が効く」など。「利用・駆使できる」の意なら「利く」。「応用が利く」「気が利く」など。

きてい

法律のキテイ　→規定
取り扱いキテイ→規程

「規定」は、「勝手に破ってはならない、定められた約束ごと」の意。対して「規程」は

「手本となる決まりごと・マニュアル」を指し、「利用規程」「運用規程」など。

きゅうめい

真相をキュウメイする→究明
犯行をキュウメイする→糾明

「調査」の一環なら「究明」で、「原因究明」など。「糾問・糾弾」なら「糾明」で「陰謀糾明」。

きょうどう

キョウドウ作業→共同
キョウドウ組合→協同

単なる複数の結合は「共同」。そこに和合・連帯があれば「協同」。

きょうぼう

酔うとキョウボウになる→狂暴
ヒグマは性来キョウボウ→凶暴

何かが原因で狂ったように暴れるのが「狂暴」。対して、本来的にもっている凶悪で暴力的な性情が「凶暴」。信長などは、これか。

くんじ

壁のクンジ　→訓示
社長のクンジ→訓辞

上から与えられた心得や注意事項が「訓示」で、そのたぐいの演説等が「訓辞」。「眠くなる訓辞」。

ぐんしゅう

グンシュウ心理　→群集
広場のグンシュウ→群衆

「群集」は「群集劇」などの名詞の他に「群集する」と動詞でも使われるのに対し、「群衆」は名詞。

けいがん

失態を見逃さぬケイガン→炯眼
真理を看破するケイガン→慧眼

物事の実体を鋭く見抜く眼力が「炯眼」。対して、知恵・知識にすぐれている批評眼が「慧眼」。

けいじょう

ケイジョウ支出　↓経常
利益をケイジョウする↓計上

「臨時」の反対語が「経常」。「経常費がかかる」など。対して「数え上げる」のが「計上」。

けいちょう

ケイチョウ電報の文例↓慶弔
ケイチョウの意を表す↓敬弔

「慶弔」は「冠婚葬祭」全般の意。対して「敬弔」は「葬」に限定され、「謹んで悼《いた》む」の意。

けっさい

為替取り引きのケッサイ↓決済
部長のケッサイを仰ぐ　↓決裁

金銭等の支払いを済ます場合は「決済」。金銭に関係なく裁定する場合は「決裁」。「決裁書類」等。

こうい

コウイを寄せる↓好意
御コウイに感謝↓厚意

「悪意」の反対なら「好意」。それがきわめてありがたい、感謝すべきコウイなら「厚意」。

「先輩の厚意に泣く」「ありがたき御厚意」。

こううん

コウウンといえる一生→好運
コウウンにも当選する→幸運

ほどよく望ましい運なら「好運」。瞬間的でもラッキーな運なら「幸運」。「宝くじに当たる幸運」。

こうぎょう

歌手の引退コウギョウ→興行
日本コウギョウ銀行→興業

ショービジネス等なら「興行」。それとは無関係に、事業を興《おこ》すことが「興業」。「興業の好機」等。

こうげん

威丈高なコウゲン→高言
国会で堂々とコウゲン→公言
思いつきのコウゲン→広言
口先だけのコウゲン→巧言

相手を見下《みくだ》すような、身のほど知らずの大言《たいげん》が、「高言」。それが公の場での隠れもない約束等の言辞であれば、「公言」。口から出まかせの大言であれば、「広言」。荒っぽければ、「荒言」。そして「鮮《すくな》し仁」とされるのが、「巧言」。

こうこう

コウコウたる月の光→皓々
コウコウと輝く星々→煌々
コウコウたる琵琶湖→浩々

「皓」は「白く光る」の意。対して「煌」は「キラキラと輝く」意。一方「浩」は「広大な水」の様。

こうじょう

コウジョウを通じる　→交情
御コウジョウを賜わる→厚情

親しい交際なら「交情」で、男女間でならきわどい意味にもなる。目上の人からなら感謝の「厚情」。

こうせい

会社コウセイ法→更生
コウセイ登記　→更正

「生まれ変わる」のは「更生」。一方、「改めて正す」のは「更正」。

こうそ

コウソ棄却→公訴
検事コウソ→控訴

法律用語。検察側が裁判所に訴えて審理してもらう行為が「公訴」。「公訴」に対して下された第一審判決に不服な検察側・弁護側のいずれかまたは双方が上級裁判所に訴える行為が「控訴」。

こうりゅう

三十日未満のコウリュウ→拘留
未決コウリュウ→勾留

裁判で刑が確定した犯罪人であれば、「拘留」。まだ結論が出ていない状態なら、とりあえず「勾留」。

こえる

海をコえる→越える
限界をコえる→超える

「越える」のが一定の範囲を突破すると「超える」。「愛憎超えて」。

こじ

信念をコジ→固持
コジの意向→固辞

「固く守って変えない」のが「固持」。対して、「固く辞退する」のが「固辞」。「彼はその件に関して固辞する態度を固持した」となる。

こたえる

質問にコタえる→答える
注文にコタえる→応える
寒さがコタえる→堪える

「応じる」また「反応がある」という意のコタえるは、「応える」。「堅い食べ物が歯に応える」「期待に応える」また「手応え」とも。一方「堪える」は「身に堪える」「堪えられない美味さ」など、「堪忍」の「堪」。ただし、現在では、平仮名表記でよいとされている。

こまやか

コマやかな風景描写→細やか
人情味コマやかな劇→濃やか

「小さな点にいたるまで細緻」の意なら「細やか」、「情などが濃い」という意なら「濃やか」。

さ行

さい

天賦のサイ→才
満二十サイ→歳

年齢に「才」を用いるのは慣用であり誤用。「歳」が正しい表記。

さいけつ

強行サイケツ→採決
サイケツ申請→裁決

会議・議会等で議長が議案の可否を議員らにはかって決定するのが「採決」。対して、裁判所等の行政庁による処分決定が「裁決」。

さいけん

国債《こくさい》も社債《しゃさい》もサイケン→債券
貸手の権利がサイケン→債権

「債券」は右の例文にあるとおり。一方「債務者に対して金銭の支払いや品物の引き渡しを請求できる権利」が「債権」（↕「債務」）。

さいだい

世界サイダイの湖→最大
サイダイ洩《も》らさず→細大

「最大」はすぐわかると思うが、「細大」のほうは、「細かいことも大きいことも」の意。「細大洩らさず報告せよ」は一つの常套句。

さく

時間をサく→割く
皮をサく→裂く

「割く」は「切り分ける・一部を取り分ける」意。「人手を割く」。

さす

魔がサす→差す
髪に花をサす→挿す
針でサす→刺す
日がサす→射す
鉢に水をサす→注す
磁針が北をサす→指す

「抜く」の反対語のサす、が「差す」。「さしはさむ」の意なら「挿す」。「突きサす」は

「刺す」。一方、日光や色彩などが「加わる」意なら「射す」で、液体等を「注ぎ入れる」の意なら「注す（「注ぐ」の表記なら「つぐ」）。また「方向を示す」意なら「指す」となる。

さとる

死期をサトる→覚る
哲理をサトる→悟る

感覚・直覚が主体なら「覚る」。知性・悟性が主体なら「悟る」。

さめる

目がサめる→覚める
宿酔《ふつかよい》がサめる→醒める
恋がサめる→冷める
色がサめる→褪める

眠りや迷いなどの「はっきりしない状態から解放される」の意なら「覚める」、酒酔いや興奮などの「極端な状態からの解放」なら「醒める」、「熱いものが冷める」のなら「冷める」、「色が薄くなる」意なら「褪色《たいしょく》」の「褪める」となる。

さわる

直接「ふれる」行為なら「触る」。「触り」で、「手触り」「肌触り」「歯触り」など。対して、直接的でないが障害となる不快なサワるが「障る」。「耳に障る」「目に障る」。

肌にサワる→触る
気にサワる→障る

し

「士」は、「博士」「代議士」「弁護士」「計理士」など。対して「師」は、「理容師」「薬剤師」「手品師」「鍼灸師《しんきゅうし》」「医師」「技師」など。

彼女は税理シ→士
彼は調理シ　→師

じき

一般的なジキは「時期」。チャンスの意になると「時機」。一方、シーズンの意なら「時季」。

ジキ尚早　→時期
ジキ到来　→時機
行楽のジキ→時季

しきじ

シキジ開催　→式事
会のシキジ　→式次
社長のシキジ→式辞

単なる催事なら「式事」、その進行順序、プログラムなら「式次」、そこでの挨拶なら「式辞」となる。

じご

ジゴ報告　→事後
ジゴの消息→爾後

「事前」の反対語が「事後」。「事後承諾」「事後の反省会」など。対して、「その後」の意なら「爾後」。「退職した彼の爾後の生活」など。

しこう

磁針は北シコウ→指向
彼は権力シコウ→志向

単純に「方角・方向」を指しているだけなら「指向」。「意志的にめざしている」というなら「志向」。また、「好み」の意なら「嗜向」。

しずまる

波がシズまる　→静まる
内乱がシズまる→鎮まる

自然の成り行きでシズまるのが「静まる」。対して、人工的な力で鎮圧、鎮静化されるのが「鎮まる」。

しせい

シセイ十周年→市制
シセイ刷新　→市政
シセイ調査　→市勢
シセイの人情→市井

「市の制度」が「市制」、その市で行なわれている「政治」が「市政」、一方「市の人口・産業・財政・施設等の総合的状態」が「市勢」。対して「人の街」が「市井」。

じせい

欲望をジセイ→自制
ジセイと悔恨→自省

「自制」すなわちセルフ・コントロール。対して「自ら省みる」のが「自省」。日に三度で「三省」。

しっしん

シッシン昏倒→失神
シッシン混迷→失心

意識を失うのが「失神」、正常心を失うのが「失心」。「失心状態」。

じてん

国語ジテン→辞典
百科ジテン→事典
書道ジテン→字典

いわゆる「ことば典《てん》」が「辞典」で、事柄を集めた「こと典」が「事典」、「文字典」が「字典」。

しめる

窓をシめる→閉める
気をシめる→締める
首をシめる→絞める

「開ける」の反対語が「閉める」。ネクタイや勘定なら「締める」、息苦しくさせるのなら「絞める」。

しもん

口頭シモン　→試問
シモン委員会→諮問

試験形式の問答が「試問」。対して「上の者が下の者に対して諮《はか》り、問い尋ねる」のが「諮問」。「文部大臣の諮問機関」「諮問に答申」。

じゃっかん

ジャッカン名募集→若干
ジャッカン十七歳→弱冠

「いくらか・多少」の意なら「若干」で、「若干の危惧あり」など。対して、元「男子の二十歳」で、「若者」の意なら「弱冠」。

しゅうしゅう

散乱物のシュウシュウ→収集
事態のシュウシュウ策→収拾

単純に「集める」のが「収集」で、現在はコレクションの意の「蒐集」もこの「収集」の表記で可。一方、「治める」の意のシュウシュウになると、「収拾」。「拾い収《おさ》める」転じて「乱れた状態をおさめる」の意。「収拾のつかない事態」「混乱した事態の収拾に乗り出す」など。

しゅうせい

法令のシュウセイ→修正
写真のシュウセイ→修整

良くない部分を「正しくあらためる」のが「修正」。対して、「不満足部分を整える」のが「修整」。

じゅうじゅん

ジュウジュンな女性→柔順
上司にジュウジュン→従順

「おとなしくて素直」が「柔順」。対して、「さからわず素直に従う」のが「従順」。「従順な部下」など。

しゅうち

シュウチの事実→周知
シュウチを集める→衆知

「あまねく知れ渡っている」のが「周知」。「多くの人の知恵」が、「衆知」、その反対語が「衆愚《しゅうぐ》」。

しゅくせい

綱紀シュクセイ→粛正
血のシュクセイ→粛清

「いましめ正すこと」が「粛正」。「いましめをこめてきれいにする」転じて「異分子追放」が「粛清」。

しゅさい

会社シュサイの運動会→主催
A氏シュサイの研究会→主宰

「主となって催す」のは「主催」。対して「主となって取り仕切る」のが「主宰」。「宰」は「かしら・リーダー」の意で、「宰相」など。

じゅしょう

文化勲章ジュショウ者→受賞
文化勲章ジュショウ式→授賞

賞を「受ける」のは「受賞」で、「授《さず》ける」のは「授賞」となる。

しゅせき

シュセキで卒業する→首席
故・毛沢東シュセキ→主席

首ひとつ抜け出たトップが「首席」。対して、共産主義政権などの国家を代表するトップが「主席」。

しょうかい

人をショウカイ→紹介
身分ショウカイ→照会

「照」は「つきあわせる」の意で、「照会」は「知らないことを、他に問い合わせる」こと。

しょうしゅう

株主総会にショウシュウ→招集
国会にショウシュウ→召集

単純に「招き集める」だけなら「招集」。それが「強制的」になると「召集」で、「軍隊に召集」など。

しょうど

ショウドからの復興→焦土
ショウドによる殺菌→焼土

大火災や戦火で焼けて黒焦《くろこ》げになった土地が「焦土」。対して、単純に「土壌を焼く」のが「焼土」。

じょうれい

箇条書きにされた個別の法令が「条令」。「緊急条令」など。対して「地方公共団体が国とは別に制定する独自の法規」が「条例」。

都の避難ジョウレイ→条令
東京都ジョウレイ　→条例

しょくりょう

主食以外の食物全般が「食料」。米・麦等の主食の総称が「食糧」。

ショクリョウ品店→食料
ショクリョウ危機→食糧

しょっかく

人間の五大感覚の一つが、物に触れたときの「触覚」で、昆虫などの角（ヒゲ）が、「触角」。

ショッカクが鋭敏→触覚
昆虫のショッカク→触角

しょよう

ある「用件」が「所用」で、「社長は所用で外出中」など。そうした用事・用件に「必要

ショヨウあり→所用
ショヨウ時間→所要

な」もろもろが「所要」。「所要条件」など。

しんこく

税のシンコク→申告
シンコク罪　→親告

国民が法律上の義務として官庁等に申し述べる（報告する）のが「申告」。対して「被害者自らが告発する」のが「親告」。

しんしょ

シンショの秘密　→信書
大統領のシンショ→親書

「手紙」一般が「信書」で、ここでの「信」は単に「通信」の意。一方「貴人自らがしたためた手紙」が、「親書」。

しんしょう

シンショウ風景　→心象
シンショウを害する→心証

「心に浮かんだイメージ」が「心象」。対して裁判用語で「物証」と対語でも用いられるのが「心証」。

しんちょう

シンチョウに対処→慎重
シンチョウな文学→深長

「深長」は「深く奥行きがある」「深重」は「深く重厚な」の意。

しんどう

弦のシンドウ→振動
家がシンドウ→震動

時計の振子のように左右対称に動くのが「振動」、地震のときのように不規則に動くのが「震動」。

しんにゅう

不法シンニュウ→侵入
シンニュウ禁止→進入

「他国・他人のテリトリーに強引に入り込む」のが「侵入」で、「家宅侵入罪」など。単に「そのまま進んで入る」だけなら「進入」。

しんにん

シンニン投票→信任
シンニン通貨→信認

「信用して任せる」の意なら「信任」で、「上司の信任が厚い」「部下を信任する」など。

「信用して、諒《りょう》と認める」の意なら「信認」。

しんろ

シンロ相談→進路
船のシンロ→針路

単に「進む道」の意なら「進路」でよいが、「羅針盤の針が示す方向」という具体的条件がつくと、「針路」。「北北西に針路をとれ」。

すすぐ

洗ってススグ→濯ぐ
汚名をススグ→雪ぐ
口をススグ　→漱ぐ

「濯ぐ」は「洗濯」の「濯」で、「きれいにする」の意。その「きれいにする」対象が「恥辱・屈辱・汚名」などの人間のプライドに関することになると、「雪ぐ」。「雪辱」「雪隠(便所)」の「雪」だ。一方「口のなかをきれいにする」意のススグは、「漱ぐ」。おなじみ漱石《そうせき》の「漱」。

すすめる

入会をススめる→勧める
良書をススめる→薦める

「勧誘・勧告」の意なら「勧める」で、「弁護士になることを勧める」など。一方「推薦」の意なら「薦める」で、「薦められて立候補」。

する

マッチをスる→擦る
懐中品をスる→掏る
名刺をスる　→刷る
墨をスる　　→摺る
ゴマをスる　→擂る
ヤスリでスる→磨る

「掏る」はスリの「スる」。因みにギャンブル等で「金をスる」場合は「擦る」。「刷る」は、印刷全般。他の「摺る」「擂る」「磨る」は、現在では平仮名表記が一般的。

せいいく

人のセイイク→成育
木のセイイク→生育

人や動物の場合は「成育」で、植物が対象の場合は特に「生育」の表記になる。セイチョウも同様で、人は「成長」、木は「生長」。

せいき

セイキ横溢　→生気
セイキを養う→精気

「生き生きとした気力・活力」が「生気」で、「生気さかん」「生気あふれる」また「生気を失う」など。対して「生命の根本の気・基本的体気」が「精気」。

せいこん

セイコン尽く→精根
セイコン傾け→精魂

「精力と根気」が「精根」で、「精根使い果たす」など。一方「精魂」は「たましい」。「精魂傾ける」。

せいさく

電動工具のセイサク→製作
芸術作品のセイサク→制作

工場などで「物品等を作る」のは「製作」。対して「芸術」などのクリエイト作業が「制作」。

せいさん

運賃セイサン→精算
借金セイサン→清算
セイサンあり→成算

「精《くわ》しく計算する」のが「精算」、「きれいに始末する」のが「清算」、「成功の見込み」が「成算」。

せいそう

セイソウに威儀を示す→正装
派手なセイソウの女性→盛装

「正式な服装」の意なら「正装」、「厚く華やかに着飾った」の意なら「盛装」で、「盛装の貴婦人」等。

せいてん

セイテンの朝→晴天
セイテン白日→青天

「晴れた空」をいう「晴天」は誰でも知っているが、一方の「青天」は「本来あるべき澄みきった天」の意で、他に「青天の霹靂《へきれき》」など。

ぜったい

ゼッタイ的価値→絶対
ゼッタイ絶命　→絶体

「絶対」は「相対」の対語。ここでは「絶体」のほうがほとんど「絶体絶命」でしか使われないことを覚えておけばよい。誤記の常連。

せめる

敵軍をセめる→攻める
失敗をセめる→責める

「攻撃」の意なら「攻める」。「叱責・譴責《けんせき》」の意なら「責める」。「敵を攻め、敵将の暴虐を責める」。

せりあがる

舞台がセリアがる→迫り上がる
価格がセリアがる→競り上がる

「波」などがググーッと盛り上がるのが「迫り上がる」。対して「競売」的なそれだと「競り上がる」。

せりふ

捨てゼリフ　→台詞
セリフの台本→科白

「舞台で語られる詞」が「台詞」。それが「科白」になると「科＝しぐさ」「白＝ことば」で、「しぐさとセリフ」の意を指すのが本来。

せんか

センカを逃れる→戦火
センカで荒廃　→戦禍
赫々《かくかく》たるセンカ→戦果

戦争で生じた火災が「戦火」。そうして生じた禍《わざわ》いが「戦禍」。その結果得たものが「戦果」。

ぜんご

話がゼンゴする→前後
ゼンゴ策を講ず→善後

単なる「前と後《あと》」なら「前後」。対して「後のためによくなるように計る」の意なら「善後」。

ぜんしん

ゼンシンせよ→前進
ゼンシン主義→漸進

「前進」は「後退」の反対語。一方の「漸進」は「急進」の反対語で「徐々に段階を追って進む」の意。「急進派と漸進派」など。

せんゆう

遺産のセンユウを図る→専有
建物のセンユウ権　→占有

「専」は「一人で」の意なので、「単独所有」が「専有」。対して、単に自分等の「所有」の意であれば「占有」。「占有の権利なし」。

そう

川にソウ遊歩道→沿う
人に寄りソう　→添う
期待にソう努力→副う

「離れずに進む」のが「沿う」、伴侶的に「つき従う」は「添う」、「かなう・適合」の意は「副う」。

そうあん

ソウアン作製→草案
ソウアンの妙→創案

「草稿」のように「下ごしらえ」の案なら「草案」。対して、アイディアやオリジナリティが勝負となる「くふう」なら「創案」。「A氏の創案になる工作機械」など。

そうかつ

ソウカツ問題→総括
ソウカツ責任→総轄

「ひとまとめ」の意なら「総括」で、「総括質問」「歴史の総括」など。「全体を司る」なら「総轄」。

そくせい

ソクセイ講座→速成
ソクセイ栽培→促成
ソクセイ食品→即製

「すみやかに成功させる」は「速成」で、「人工的に早く作る（↔抑成）」が「促成」、一方「即席に作る」のが「即製」（「成」は×）。

そくだん

ソクダンは禁物→速断
的確なソクダン→即断

「速いだけでそそっかしい判断」が「速断」。「ただちに下された的確な判断」が「即断」。

そらす

胸をソらす→反らす
目をソらす→外らす

「反対側に曲がる」のが「反らす」、正面から「はずす」のが「外らす」。「話を外らす」。

た行

だい

九〇年ダイの日本→代
一億円の大ダイ　→台

「時代」や「歴代」で象徴されるのが「代」。対して「目安・境界」などの意のダイなら「台」。

たいけい

日本語文法のタイケイ→体系
現代日本文学タイケイ→大系
飛び込みのタイケイ　→体形
日本人の標準タイケイ→体型

「知識の統一的全体をいうシステム」なら「体系」、「一つのテーマのもとのシリーズ」なら「大系」、単なる「身体のフォーム」でしかなければ「体形」、それが「身体のタイプ」になると「体型」。

たいしょう

調査タイショウ →対象
貸借タイショウ表→対照
左右タイショウ →対称

「目的となる相手」なら「対象」、「比較検討」がテーマとなるなら「対照」(「対照的な性格」等)、「釣り合っている」なら「対称」。

たいせい

戦時タイセイ →体制
逃げのタイセイ→態勢
危ういタイセイ→体勢

「ある目的のために固定されたシステム」が「体制」で、「自由主義体制」「ワンマン体制」など。一方「ある行動のためのポーズ」が「態勢」で、「入試への態勢は万全」など。「体勢」は「身体の姿勢」。

たいひ

タイヒ訓練 →退避
鉄道のタイヒ線→待避

危険等から「退《しりぞ》く」意が強い場合は「退避」。対して、一時的に難をのがれて別のところで「待つ」意が主体の場合は「待避」。

たか

参加人数のタカ　→多寡
タカが知れている→　高

「多寡」は「多いことと少ないこと」。一方「高」は、「石高」の「高」で、「程度・数量」の意。で、「高をくくる」「高々一週間」。

たしょう

タショウでも→多少
一殺タショウ→多生
今生《こんじょう》タショウ→他生

「多生」は「何度も生を変えて生まれる」または「多数を生かす」意。「他生」は「前世と後世」のこと。因みに「袖振り合うも〜」は「多生」「他生」どちらも可。

たずねる

道順をタズねる　→尋ねる
上司宅をタズねる→訪ねる
疑問点をタズねる→訊ねる
故《ふる》きをタズねる　→温ねる

単に「わからないことを教わる」の意なら「尋ねる」で、「訪問」の意なら「訪ねる」、「訊問」の意が強い「問いただす」なら「訊ねる」、四字熟語の「温故知新」の場合は特例的に「温ねる」と用いる。

ただす

姿勢をタダす→正す
問いタダス　→質す

単に「正しくする」意なら「正す」。正しいか否かを「質問」する意なら「質す」。「会議で質す」。

たつ

思いをタツ→断つ
消息をタツ→絶つ
布地をタツ→裁つ

「連続状のものを途切れさす」のが「断つ」。「先をなくならせる」のが「絶つ」。で、「茶断ち、塩断ちの甲斐もなく命を絶つ」となる次第。「裁つ」は「鋏《はさみ》で切る」。

たぶん

タブンに不満→多分
タブンと寡聞→多聞
タブンを憚《はばか》る→他聞

「多分」には「おそらく」と「たくさん」の二つの意があり、例文は後者のほう。「御多分に洩《も》れず」などとも。「多聞」は「寡聞」の反対語。また「他聞」は「他の人の耳に入ること」で、「この話は他聞を憚る」などと使われる。

ちょうこう

チョウコウを感じる→兆候
チョウコウが現われる→徴候

現象がまだ明確なかたちをとっていない段階は「兆候」、はっきりと現われたら、「徴侯」。

ちょうしゅう

授業料をチョウシュウ→徴収
参加者をチョウシュウ→徴集

「金銭」を収めさせるのが「徴収」で、「源泉徴収」など。対して「人・物」を集めるのが「徴集」で、「バザー品を徴集」など。

ちょうせい

予定表のチョウセイ→調整
料理をチョウセイ→調製

「調製」は「注文に応じて作る」こと。「料理の調製」で「調理」。

ちょくせつ

チョクセツ税→直接
簡明チョクセツ→直截

「間接」の反対語が「直接」。一方「直截」は、「まわりくどくない」こと。「直截的な言い方」なら「ズバリ直言」。チョクサイは誤読。

ちょっかん	チョッカンが鋭い→直感 チョッカン教育　→直観

人間の「第六感」的なのが「直感」で、「ものごとにとらわれない細密な考究」であれば、「直観」。

ちんせい	騒ぎをチンセイ→鎮静 街はチンセイ化→沈静

静かに「させる」のが「鎮静」、しぜんと「なる」のが「沈静」。

ついきゅう	利益のツイキュウ→追求 真理のツイキュウ→追究 責任のツイキュウ→追及

読んで字のごとく、追い「求める」か、追い「究《きわ》める」か、追い「及ぶ（責める）」かの違い。

つぐ

研究を引きツグ→継ぐ
親のあとをツグ→嗣ぐ
骨と骨をツグ→接ぐ
盃に酒をツグ→注ぐ

「継続・継承」が基本意であれば「継ぐ」。「嗣子《しし》」の意の「嗣ぐ」も、現在は「継ぐ」でもよいとされている。一方「接着・接合」の意なら「接ぐ」で、「接ぎ木」等。また「そそぐ」の意なら、「注入」なので「注ぐ」(ソソぐ、とも)。

つくる

詩をツクる→作る
船をツクる→造る
会社をツクる→創る

多少厄介なのは「創る」で、これは「新しいことを起こす」の意。現在は「作る」でも可とされる。

つとめる	
企画会社にツトめる	→勤める
成績向上にツトめる	→努める
宴会の幹事をツトめる	→務める

単に「勤務」の意なら「勤める」、「努力する」の意なら「努める」、「任務・役割」は「務める」。

てきかく	
テキカクな判断	→的確
テキカクな方法	→適確
テキカクな人材	→適格

矢が的に命中するようにピタリと決まっているのが「的確」。「適応性が確か」なのが「適確」。一方、それに「適《かな》った資格」と認められるのが「適格」。ただし現在は「適確」は「的確」でも可。

てんか

悪が善にテンカ→転化
責任テンカ→転嫁
言葉のテンカ→転訛

単にAの状態からBの状態に変するのが「転化」。対して、罪などを「なすりつける」のが「転嫁」。発音が訛《なま》って変わるのが「転訛」。

でんどう

熱デンドウ→伝導
デンドウ機械→電動
デンドウ師→伝道

注意すべきは「伝導」と「伝道」で、宗教の道を教えるのが「伝道」、物理・化学用語が「伝導」。

どうし

革命のドウシ→同志
友達ドウシ→同士

単なる「つれ・仲間」なら「同士」でよいが、ともに「志を同じうする強い関係」なら「同志」。

とくちょう

逃走車のトクチョウ→特徴
トクチョウは低燃費→特長

他と異なる「特に目立つ点」が「特徴」。その特徴のなかでも特に「すぐれている点」が「特長」。

とける

答がトける→解ける
氷がトける→溶ける

不明だったものが「わかる・ほぐれる」のが「解ける」で、「結んだ糸が解ける」なども使う。対して、固体が液体になったりするのが「溶ける」また「融ける」。

とぶ

鳥がトぶ→飛ぶ
蛙がトぶ→跳ぶ

「蛙が飛ぶ」のはよほどのことで、跳躍、ジャンプの場合は「跳ぶ」。同様、「昆虫が跳ぶ」「三段跳び」。

どよう

週末のドヨウ→土曜
ドヨウの丑《うし》の日→土用

「立春・立夏・立秋・立冬の前のそれぞれ十八日間」が「土用」なのだが、特に「夏の土用」が有名。で、夏の「土用休み」「土用波」。

な行

ないこう

ナイコウ型の人間→内向
精神的抑圧がナイコウ→内攻

「外向」の反対が「内向」、「身体内部や精神をおかす」のが「内攻」。

なおす

時計をナオす→直す
怪我をナオす→治す

「修理」や「訂正」の意なら「直す」。それが、人体の病気等の「治療」の意なら「治す」。関西以西では「元通りにする」のも「直す」。

なく

人がナく→泣く、哭く
鳥がナく→鳴く、啼く

同じ「泣く」のでも「慟哭《どうこく》」になると「哭く」と表記してもよい。一方、涙とは無関係に鳥や獣がナくのは「鳴く」だが、それが悲痛に聞こえたら「啼く」でもよい。

ならう

絵をナラう→習う
右にナラう→倣う

「学習」するのは「習う」。対して「真似をする・模倣する」の意のナラうは、「倣う」。「右へ倣え！」。

なれる

仕事にナれる→慣れる
人にナれる犬→馴れる

習慣化して「とけこむ」のなら「慣れる」、「なつく」のなら「馴れる」。他に「狎《な》れ合い」「狎れ狎れしい」の「狎れる」もある。

ねんぱい

それなりのネンパイ→年配
ネンパイの仲間入り→年輩

「ほどよい年齢」つまりは「中高年」の意なら「年配」、そういう年齢の「仲間（輩）」なら「年輩」。

のせる

口車にノセる→乗せる
名簿にノセる→載せる

「人」が対象の場合は「乗せる」、「物」が対象の場合（「棚に箱を載せる」など）または「記載」の意の場合は「載せる」が基本。

のぞむ

海をノゾむ高台→望む
海にノゾむ高台→臨む

同じ高台でも遠くに海を「眺める」なら「望む」で、目の前に「当面」している場合は「臨む」。「面接に臨む」。

のばす

手足をノバす→伸ばす
時間をノばす→延ばす

ゴムのように「それ自体を長くする」のは「伸ばす」。対して「同じ物をプラスして長くする」のが「延ばす」で、「路線を延ばす」等。

のぼる

太陽がノボる→昇る
階段をノボる→上る
山にノボる　→登る

「昇」の原義は「日がのぼる」。「下る」の反対語が「上る」。自分が高い所に上がるのが「登る」。

は行

はいふ

資料をハイフ→配付
公報のハイフ→配布

単に「配る」のは「配付」。公的「おふれ・お達し」なら「配布」。

はげる

頭がハゲる　↓禿げる
塗料がハゲる↓剝げる

頭髪、またそれにたとえられるものが少なくなる状態が「禿げる」。表面に塗ったり貼ったりしたものがとれるのが「剝げる」。

はっこう

本をハッコウ↓発行
法のハッコウ↓発効

「発行」は「何かを出す」こと。一方「発効」は「効力が発せられる」こと。「今日から権利が発効」「法の発効前に悪事を働く」など。

はなす

犬をハナす↓放す
目をハナす↓離す

「解放・放出」の意なら「放す」。対して「距離を置く」意なら「離す」で、「子供から目を離す」「綱を切り離す」「間を離す」など。

はる

網をハル　↓張る
切手をハル↓貼る

「小さくしていたものをグーンと引き伸ばす」のが「張る」で、「送別の宴を張る」「見栄を張る」などとも。対して「薄っぺらなものをくっつける」のが「貼る」。

はんめん

ハンメン教師↓反面
ハンメン彩色↓半面

「ある物や事柄の反対の面」が「反面」。「ある物や事柄全面の2分の1の面」が「半面」。「半面の真理」。

ひっし

ヒッシの形相↓必死
失敗はヒッシ↓必至

「必ず……になる（至る）」という意のヒッシは「必至」。「現状では混乱は必至」「崩壊必至のビル」等。

ひょうだい

単行本のヒョウダイ→表題
報告書のヒョウダイ→標題

「タイトル」そのものが「表題」。対して「他と区別するための見出し（ヘッドライン）」が「標題」。

ふえる

人数がフえる→増える
細菌がフえる→殖える

「同質のものがプラスされて多くなる」のが「増える」。対して「それ自体が内包する力によって自ら多くなる」のが「殖える」。「黴菌《ばいきん》が殖える」「利息が殖える」など。

ふく

口笛をフく→吹く
火をフく山→噴く

「風がフく」も「吹く」だが、そのフく勢いが強烈で爆発的になると「噴く」。「障子に霧を噴く」また「プッと噴き出す」など。

ふくげん

縄文土器フクゲン→復元
発条《ばね》のフクゲンカ→復原

「元の状態を失ったものを他の手段を借りて元の状態に戻す」のが「復元」。一方「復原」は「元の状態、形状に自らの力で戻る」こと。

ふしん

フシンを抱く→不信
フシンな動き→不審

「信用できない」のが「不信」で、「不信感が募《つの》る」など。「はっきりしない・疑義あり」が「不審」。

ふたく

解決をフタク→付託
責任をフタク→負託

単に相手に何かを託するだけなら「付託」。そこに「任務」や「責任」を強制する意思があれば「負託」。「議員に国政を負託する」等。

ふへん

フヘン不党　→不偏
フヘン的真理→普遍

「偏《かたよ》らない」という意なら「不偏」。「遍《あまね》く広い」という意なら「普遍」。因みに「偏在」なら「偏って存在」、「遍在」なら「広く存在」。

ふよ

選挙権のフヨ→付与
天からのフヨ→賦与

当然の権利としてタダで与えるのが「付与」。対して、「一定の配分のもとに配り与える」のが「賦与」。「被災者に毛布を賦与」など。

ふんぜん

フンゼンとたたかう→奮然
フンゼンと席を立つ→憤然

「奮い立つ様」であれば「奮然」。それが「憤《いきどお》り」によるものであれば、「憤然」。「憤然たる面持ち」。

へいこう

二本の線が最後まで交わらない状態が「並行」。それとは無関係に単に「並んで進行」している状態が「並行」。

ヘイコウ線　→平行
ヘイコウ審議→並行

べつじょう

「別条」は「特に変わった事柄」の意。対して「別状」は「特に変わった状態」の意。

ベツジョウない日々→別条
命にベツジョウなし→別状

へんせい

「異質のものを一つにまとめ上げる」のが「編成」で、「予算編成」「チーム編成」など。一方「編制」は「同質のものの組み直し」で、「一軍と二軍に編制」。

番組ヘンセイ→編成
隊をヘンセイ→編制

ぼうがい

単純に「害を防ぐ」のが「防害」で、相手に「害を与えて活動を妨げる」のが「妨害」。

ボウガイ訓練→防害
ボウガイ電波→妨害

「進路妨害」。

ほうよう

ホウヨウ力　→包容
孫をホウヨウ→抱擁

「あの人はホウヨウ力がある」は「包容力」。これを「抱擁力」とすると、「抱きかかえる力」が強い、という妙な意味になってしまう。

ほしょう

品質ホショウ書　→保証
日米安全ホショウ条約→保障

「責任をもつことの証明」が「保証」で、「悪くならないように守ること」が「保障」。「社会保障」等。

ま行

みえ

ミエを張る→見栄
ミエを切る→見得

「立派に見せる」のが「見栄」。歌舞伎の「得意な姿」が「見得」。

みとう

ミトウの境地　→未到
人跡ミトウの地→未踏

「いまだ到らず」の意なら「未到」、「いまだ足を踏み入れず」の意なら「未踏」で、「人跡未踏のジャグル」「未踏の極北」など。

むじょう

ああムジョウ→無情
諸行ムジョウ→無常

「人の情がない」の意なら「無情」、「この世に常なるものなどない」という大きな意なら「無常」。

むち

ムチ蒙昧《もうまい》→無知
厚顔《こうがん》ムチ→無恥

「知識・知恵」がないのが、「無知」で、「恥」がない（「恥知らず」）のが「無恥」。「厚顔無恥」より「厚顔無知」のほうがまだ数段よい。

めいぶん

文豪のメイブン→名文
墓碑のメイブン→銘文
法律のメイブン→明文

金属や石などに刻み込んだ文章が「銘文」。一方「明文」は、「条文として明確に示された文章」。

もと

モトも子もない→元
モトを正す→本
モトを築く→基

「そもそもの始まり」が「元」で「本」は「物事の成り立つ根幹」。一方、「基」は「基礎・土台」。

や行

やせい

ヤセイの鹿　→野生
ヤセイ的魅力→野性

「動植物が大自然でありのままに生育する」のが「野生」、その状態で培われた「性状」が「野性」。

ゆうわ

仲間のユウワ→融和
ユウワ政策　→宥和

「わだかまりのない和合」が「融和」。対して「相手の不満を許し、なだめての和合」が「宥和」。

ようご

人権ヨウゴ→擁護
ヨウゴ施設→養護

「擁護」とは「擁《いだ》き護《まも》る」こと。対して「養護」は「養い護る」ことで、身の回りの世話が主眼。で、「人権擁護」「養護施設」となる。

よげん

占い師のヨゲン→予言
モーゼのヨゲン→預言

「未来を予測する言」は「予言」、「神から預かった言」は「預言」。キリストは「預言者」。

ら行

ろじ

街のロジ裏　→路地
野菜のロジ栽培→露地

「むき出しの土地」が「露地」で、「露地栽培」など。また「茶室の庭園」の意もあり、「露地下駄」等。

ろんきゅう

真理をロンキュウ→論究
他説にロンキュウ→論及

「議論して追究・究明する」のが「論究」。対して「関連する他の事柄にまで論じ及ぶ」のが「論及」。「噂に論及する」「論及不用」など。

わ行

わかつ

喜びをワカつ→分かつ
袂《たもと》をワカつ　→別つ
実費でワカつ→頒つ

「二分」するのが「分かつ」、互いに「別れる」のが「別つ」、一人一人に「頒布《はんぷ》」するのが「頒つ」。

わく

湯がワく→沸く
泉がワく→湧く

「しみ出る」のが「湧く」で、「希望が湧く」「涙が湧く」とも。

わざ

ワザを磨く→技
神ワザ　→業

「業」とは「すること」の意で、「人間業」「離れ業」「仕業《しわざ》」「軽業《かるわざ》」等、いずれも読みは「わざ」。

間違えて覚えてしまった
残念な日本語

編著者　日本語の達人倶楽部
発行者　真船美保子
発行所　KK ロングセラーズ
東京都新宿区高田馬場 2-1-2　〒 169-0075
電話（03）3204-5161（代）　振替 00120-7-145737
http://www.kklong.co.jp
印　刷　中央精版印刷（株）
製　本　（株）難波製本

落丁・乱丁はお取り替えいたします。
※定価と発行日はカバーに表示してあります。
ISBN978-4-8454-5110-4　C0281　Printed In Japan 2019